결국, 시스템이다

조직, 사업이 되는 25가지 설계도

— 신경철 지음

· 이 책에 실린 해당 저작물의 모든 내용은 저작권법에 따라 보호를 받는
(주)스노우폭스북스의 저작물이므로 무단 전재와 무단 복제를 금합니다.
· 이 책 내용의 전부 또는 일부를 사용하려면 반드시 출판사의 동의를 받아야 합니다.

| 첫 장을 펼친 당신에게 |

이 글을 쓰며 당신을 떠올립니다. 매일 거절당하고, 실적에 쫓기며, 팀원들 걱정에 잠 못 이루고 있을 당신 말입니다. 그럼에도 포기하지 않고 이 책을 펼쳤다는 것만으로 당신은 이미 해답을 찾을 사람입니다. 저 역시 당신과 같은 길을 걸었습니다. 막막하고 흔들렸지만 결국 돌파구를 찾았고, 남들이 말하는 경제적 자유의 세계에 한 걸음씩 다가갈 수 있었습니다.

이 책에는 영업 성과와 조직 확장 앞에서 고민하는 당신을 위한 구체적인 해결책이 담겨 있습니다. 지난 세월 제가 흘린 땀과 눈물로 얻어낸 소중한 지혜들입니다. 성과를 올리는 빠르고 효과적인 방법과 조직을 키우는 실전 전략을, 현장에서 직접 검증한 것만을 엄선했습니다.

올바른 방법을 안다면 당신도 반드시 이뤄낼 수 있습니다. 제가 쌓아온 시간의 경험이 당신이 얻을 성장의 지름길이 되길 바랍니다.

조직 성장 전문가 **신경열**

| 프롤로그 |

새벽 공기는 칼날처럼 얼굴을 스치고 지나갔다. 반지하 원룸의 철문을 여는 소리가 정적 속에 퍼졌다. 메마른 쇳소리는 불안한 심장 박동처럼 가슴을 울렸다.

스물여섯. 군 제대 후 나는 안정된 미래를 보장하는 대기업의 길을 뿌리쳤다. S유통사의 합격 메일은 여전히 휴대폰 속에 남아 있었다. 가끔 열어볼 때면 '그 길을 갔다면…' 하는 생각이 스쳤다. 그러나 곧 고개를 저었다. 후회는 없었다. 두려웠을 뿐이다.

연봉 1억.

매일 아침 거울 앞에서 주문을 외웠다. 곰팡이 냄새와 외풍 가득한 좁은 방. 창문을 가린 낡은 옷가지 사이에서 그 말은 나를 버티게 하는 유일한 희망이었다. 겨울밤이면 고장 난 보일러 때문에 파카를 껴입고 잠들었지만 그것조차 감사했다. 이곳이 나의 시작점이고 여기서부터 모든 것을 바꿀 것이라 믿었기 때문이다.

첫 영업일의 기억은 선명하다. 쏟아지는 빗속을 뚫고 찾아간 첫 지인은 말했다. "이럴 거면 앞으로 연락하지 마."
두 번째 지인은 얼음장 같은 미소로 "괜찮습니다"라고 했다. 세 번째 지인은 설명조차 들으려 하지 않았다. "작은 거 하나 가져와 봐." 그는 끝까지 나를 무시했다. 그날 밤, 허름한 찜질방에서 식어가는 몸을 녹이며 흘린 눈물은 지금도 기억 속에 남아 있다. 그러나 그때는 몰랐다. 그것이 시작에 불과했다는 것을.

진짜 시련은 10년간 피와 땀으로 일군 조직이 하룻밤 사이 무너졌을 때였다. 결혼 두 달 전, 평소처럼 순대국밥으로 저녁을 마치고 환하게 웃던 팀장은 다음 날 흔적도 없이 사라졌다. 스물한 명의 숨결로 가득했던 사무실은 차갑게 식은 빈 책상만 남았다. 떨리는 손으로 팀장의 번호를 눌렀지만, 이미 휴대폰은 꺼져 있었다. 머그컵, 희망을 적은 메모, 함께 웃던 사진들… 모든 것이 한순간에 허상으로 변했다.

"신경열은 끝났어."

소문은 바람처럼 퍼졌다. 비난과 조롱이 폭풍처럼 몰려왔다. 환수금은 눈덩이처럼 불어났고 생계는 위협받았다. 결혼 후 첫 월급날, 아내에게 이 현실을 어떻게 설명해야 할지 알 수 없었다. 천장을 바라보며 뒤척이던 밤, 결혼식 날 아내의 손을 잡고 했던 약속들이 모래처럼 흩어졌다.

"여보, 나…"

말을 잇지 못하는 나를 보며 아내는 아무것도 묻지 않았다. 대신 통장으로 환수금보다 더 많은 돈을 입금했다. 아내의 눈빛에 담긴 믿음과 신뢰. 그것은 위로가 아니라 더 큰 책임이었다. 그날 밤의 눈물은 단순한 자책이 아니었다. 새로운 결심의 씨앗이었다. 논현동 소망교회의 작은 기도실. 나는 새벽마다 절규하듯 기도했다. 칠흑 같은 어둠 속에서 붙든 말씀은 이것이었다.

"내가 네게 명한 것이 아니냐 마음을 강하고 담대히 하라 두려워 말며 놀라지 말라 네가 어디로 가든지 네 하나님 여호와가 너와 함께 하느니라." (여호수아 1장 9절)

나는 다시 일어서기로 했다. 절망과 분노가 교차했지만 그 시간이 오히려 나를 단단하게 만들었다. 남은 세 명의 팀원과 함께 새벽을 맞았다. 매일 아침 7시, 입김을 내뿜으며 하루의 전투를 준비했다. 하루 200콜. 손에 테이프를 감아 수화기를 놓지 않았다. 입에서 단내가 나도 멈추지 않았다. 이력서가 바닥나 전화할 사람이 사라질 때까지 걸었다.

첫 한 달은 지옥이었다. '무너진 조직'이라는 낙인 때문에 아무도 다가오지 않았다. 그러나 포기하지 않았다. 밤늦게까지 전략을 다듬고 남은 팀원들의 어깨를 두드리며 버텼다. 두 번째 달, 첫 영입이 이뤄졌다. 한 명이 두 명이 되고 두 명이 세 명이 되었다. 그때 영입된 사람들은 지금 사업단장, 본부장, 지점장이 되었다.

"우리는 반드시 다시 시작할 수 있습니다."
새벽빛 속에서 나누던 이 말은 단순한 위로가 아니라 맹세였다. 세 번째 달, 기적은 조용히 찾아왔다. 우리의 진심이 통했는지 사람들이 다시 모여들었다. 조직에 문화가 생기고 함께 치킨을 나누며 성공 스토리를 나누는 순간들이 우리를 하나로 만들었다.

몇 개월이 지나자 세 명이던 팀은 세 개의 팀으로 확장되었다. 우리는 서로를 지탱하며 함께 성장했다. 리크루팅 챔피언이라는 타이틀은 덤이었다. 진짜 승리는 신뢰와 동료애였다. 지금 내가 이끄는 조직은 천 명에 가깝다. 그러나 숫자는 중요하지 않다. 중요한 것은 각자가 꿈을 키우고 있다는 것. 우리가 함께 성장하고 있다는 사실이다.

'오늘 나는 누군가의 꿈이 되었을까?'
나는 매일 아침 이 질문을 던진다. 그리고 그 답을 위해 오늘도 새벽을 깨운다. 영업은 결코 혼자가 아니다. 그것은 수많은 꿈과 희망이 모여 만들어지는 여정이다. 그리고 그 끝에는 우리가 함께 이루어낼 찬란한 성공이 기다리고 있다.

목차

첫 장을 펼친 당신에게 05
프롤로그 07

1장 세일즈, 구조를 만들면 사업이 된다

1. 부자와 노동자의 갈림길 19
2. 근로자의 시간에서 사업가의 시간으로 25
3. 상품이 아니라 나를 선택하게 하라 33
4. 세일즈, 사업이 되는 여섯 가지 설계도 42

2장 사람을 세우는 일이 곧 조직을 세우는 일이다

1. 리크루팅, 숫자가 아닌 사명으로 — 55
2. 왜 계속해야 하는가? — 62
3. 성공적인 리크루팅 면접의 공식 — 68
4. 채용을 넘어 동반자를 찾는 세 가지 방법 — 73
5. 채널에서 결실까지: 지속 가능한 리크루팅 유입의 모든 것 — 85
6. 조직의 성장 단계와 리더십 진화의 상관 곡선 — 102

3장 관리자의 본질: 사람·시스템·성과를 연결하다

1. 전 세계 80억 중 단 하나 – 나만의 차별화 — 115
2. RTMM + M, 관리자의 공식 — 121
3. 계획·피드백·성과가 살아 있는 매니지먼트 — 129
4. 싯플랜(Sit Plan) — 134
5. 활동 관리: 피드백과 점검으로 완성되는 성과 — 142
6. 관리자가 무너지는 다섯 가지 순간 — 153
7. 영업사원들이 돈을 많이 벌어도 돈이 없는 이유 — 171

4장   리더십과 문화가 결정한 조직의 미래

1. 리더십의 진정한 의미: 임명이 아닌 쟁취의 여정　　187
2. 리더의 본질: 역할과 책임　　192
3. 10인 미만 독립지사의 한계와 성장통　　201
4. 조직이 무너지는 이유와 성장을 위한 해법　　210
5 Giver & Taker: 기버와 테이커, 조직을 바꾸는 힘　　215
6. 4년 만에 125배 성장: 사람이 답이다　　223
7. 전국 70개 지사, 1,000명 조직으로 성장시킨 비결　　232
8. 누구와 함께 할 것인가: 성장을 위한 동행의 지혜　　239

에필로그　　246

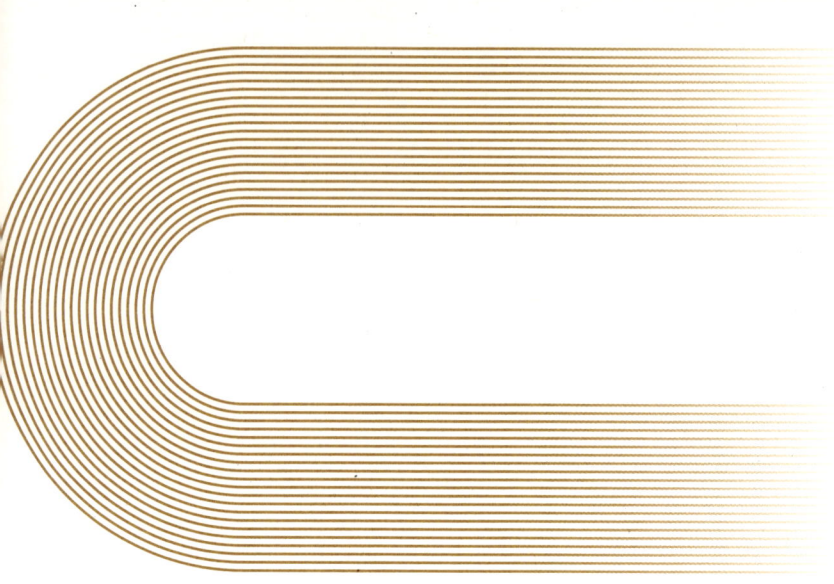

☐
■
☐

Ultimately,

It's the

System

1장

세일즈, 구조를 만들면 사업이 된다

01
부자와 노동자의 갈림길

토스카나의 붉은 황혼이 마을을 물들이던 여름날, 사업가와 노동자 두 젊은이가 광장의 낡은 분수대 앞에 앉아 있었다. 마을은 석 달째 이어진 가뭄으로 메말라 있었고 분수대 역시 오래전부터 물이 말라 있었다.

"우리도 언젠가는 달라질 수 있을까?"
노동자가 불안한 눈빛으로 물었다.
"달라질 거야. 우리가 직접 바꾸면 되니까."
사업가는 여전히 확신에 차 있었다.

그들의 운명은 새벽에 붙은 공고문에서 시작되었다. 산 정상에서 솟는 샘물을 마을로 나의 인부를 모집한다는 내용이었다. 일당은 마을 최고 수준이었다. 이 소식을 듣고 수십 명의 젊은이가 몰려들었지만 선택받은 이는 단 두 명이었다. 사업가와 노동자. 어릴 적부터 함께 자란 친구이자 라이벌이었던 두 사람은 이제 같은 길을 걷게 되었다.

첫날, 그들은 새벽별을 바라보며 산을 올랐다. 차가운 공기가 폐부 깊숙이 스며들었다. 산길은 고요했고 발자국 소리와 거친 숨소리만이 어둠 속에 울려 퍼졌다.

"여기가 바로 샘물이구나…"

사업가가 숨을 고르며 말했다. 맑은 물이 바위 틈에서 솟아나고 있었다. 그들은 처음으로 양동이를 채웠다. 물이 넘실대며 담기는 소리는 마치 운명의 시계가 째깍거리는 듯했다. 첫날은 희망으로 가득했다. 그러나 시간이 흐르자 두 사람의 길은 조금씩 달라지기 시작했다.

노동자의 꿈은 단순했다. 더 큰 양동이, 더 많은 노동, 더 많은 수입. '두 배 일하면 두 배 벌 수 있어. 세 배 일하면 세 배 벌 수 있어.' 그는 점점 더 큰 양동이를 구입했다. 10리터, 15리터, 20리터. 그의 수입은 빠르게 늘어났다. 그러나 사업가의 밤은 달랐다.

'이건 답이 아니야...'

촛불 앞, 그는 끊임없이 계산을 이어갔다. 종이 위에는 복잡한 도면이 어지럽게 그려졌다. 파이프라인의 설계도였다. 밤마다 그의 방에는 두 개의 그림자가 드리웠다. 하나는 파이프라인, 또 하나는 그를 짓누르는 불안이었다.

오늘도 실패였다. 열두 번째 설계도는 쓸 수 없었다. 각도가 맞지 않아 물이 흐르지 않았다. 하지만 그는 포기하지 않았다.

'실패할 때마다 배운다. 그것이야말로 내 자산이다.'

창밖에서는 노동자의 웃음소리가 들려왔다. 하루 일을 마치고 술집에서 터져 나온 웃음이었다. 그는 잠시 펜을 놓고 그 소리를 들었다.

'나도 저렇게 살면 편할까...' 순간 마음이 흔들렸다.

여름이 가고 가을이 왔다. 단풍이 붉게 물드는 계절, 첫 번째 큰 시련이 찾아왔다. 폭우였다. 그동안 세운 파이프의 절반이 무너져 내렸다. 몇 달의 노력이 하루 만에 사라졌다.

무너진 파이프 앞에서 그는 밤을 지새웠다. 차가운 빗물이 얼굴을 타고 흘러내렸다. 눈물인지 빗물인지 알 수 없었다. 그러나 그 순간, 그는 깊이 깨달았다. '실패는 끝이 아니야. 더

견고한 시스템을 만들라는 신호다.'

그는 다음 날부터 다시 시작했다. 파이프를 더 깊이 묻고, 더 단단한 재료를 쓰고 구간마다 안전장치를 설치했다. 실패는 그를 꺾지 못했다. 오히려 더 강하게 만들었다.

겨울이 가까워질 무렵, 작은 변화가 보이기 시작했다. 노동자의 걸음이 달라졌다. "이상하군... 전에는 이 정도가 아니었는데."

그는 자주 허리를 붙잡았다. 20리터 양동이는 이제 그를 짓누르는 짐이 되었다. 그 사이 사업가의 파이프라인은 조금씩 형태를 갖추었다. 그리고 마침내 맑은 물이 파이프를 타고 흘러내렸다. 그 순간 그의 눈에는 눈물이 고였다.

봄이 다시 왔을 때 두 사람의 길은 완전히 달라져 있었다.
노동자의 몸은 한계에 다다랐다. 무거운 양동이를 나른 대가가 그의 허리와 어깨에 깊은 상처를 남겼다.
'이제는 그만둬야 할 것 같아...'
그의 목소리는 굽은 허리만큼이나 쓸쓸했다. 그때, 사업가의 파이프라인은 마침내 완성 단계에 이르렀다. 물은 밤낮 없이 흘러내렸다. 그가 잠을 자는 동안에도, 가족과 시간을 보낼 때에도 파이프라인은 멈추지 않았다.

"함께하지 않겠나?"

어느 날 사업가는 노동자에게 손을 내밀었다. "아직 늦지 않았어. 우리가 힘을 합치면 이 파이프라인을 더 멀리, 더 많은 마을로 연결할 수 있어." 노동자는 처음으로 자신의 선택을 되돌아보았다. 당장의 수입을 좇으며 미래를 저당 잡은 것은 아니었을까? 지쳐버린 몸과 달리 마음속에는 다시 불꽃이 피어올랐다.

이제 파이프라인은 단순한 수도관이 아니었다. 그것은 꿈과 희망을 전하는 통로였다. 마을은 변했고 사람들의 삶은 풍요로워졌다. 사람들은 더 이상 그를 '파이프라인맨'이라고 부르지 않았다. 대신 이렇게 불렀다. '비전을 현실로 만든 사람.'

세월이 흐른 뒤, 많은 젊은이들이 그에게 찾아와 물었다.

"어떻게 이런 성공을 이루셨나요?"

그의 대답은 단순했다. "나는 매일 조금씩, 내가 믿는 것을 향해 걸어갔을 뿐이오. 중요한 것은 끝까지 포기하지 않는 것이지요."

노동자와 사업가의 이야기는 이제 단순한 우화가 아니다. 그

것은 우리 모두의 이야기다. 당장의 편안함과 미래를 위한 투자, 그 갈림길 앞에 우리는 매일 선다. 노동의 길은 분명하다. 시간과 체력이라는 유한한 자원에 묶인 성장, 그리고 그 끝에 기다리는 한계.

반면 시스템의 길은 다르다. 시작은 더디고 외롭지만 한 번 구축되면 멈추지 않고 가치를 만들어낸다.
사업가의 파이프라인은 자녀들에게 이어졌고 그의 지혜는 다음 세대로 전해졌다. 진정한 부자는 돈을 버는 사람이 아니라, 가치를 만들어내는 시스템을 세운 사람임을 그는 삶으로 보여주었다.
우리는 지금도 선택 앞에 서 있다. 노동자의 길은 쉽고 빠른 보상을 약속한다. 그러나 그 끝에는 한계가 있다. 사업가의 길은 고되고 험난하다. 그러나 그 끝에는 진정한 자유가 있다. 당신은 어떤 길을 선택하겠는가?

02
근로자의 시간에서 사업가의 시간으로

많은 사람이 '열심히 살면 언젠가 부자가 될 것'이라고 믿는다. 그래서 아침부터 밤늦게까지 일하고 가족과의 시간조차 포기하며 하루를 꽉 채운다. 그러나 경제학자 토마스 피케티가 『21세기 자본』에서 지적했듯 노동시간과 소득은 단순한 비례 관계가 아니다. 일정 수준을 넘어서면 수확체감의 법칙이 작동하여 시간을 더 들여도 소득은 점점 줄어든다.

미국 노동통계국(BLS)의 연구는 주 40시간을 초과하는 근무가 오히려 시간당 생산성을 13% 이상 떨어뜨린다는 사실을 보여준다. 단순히 더 오래 일한다고 해서 그만큼 더 많은 소득을 얻을 수 있는 것은 아니다.

예를 들어 시간당 3만 원을 버는 직장인이 있다고 하자. 하루 8시간 일하면 24만 원, 12시간 일하면 36만 원, 16시간 일하면

48만 원을 번다. 언뜻 보면 시간을 더 투자하는 만큼 수입도 늘어나는 것처럼 보인다. 그러나 착각이다. 과도한 노동은 건강을 해치고 효율을 떨어뜨리며 자기계발이나 새로운 기회를 찾을 여유를 빼앗는다. 결국 장기적으로는 소득 증가가 아니라 현재 소득조차 지키기 어려운 상황에 직면하게 된다. 부자가 다르게 일하는 이유는 시간 사용법이 다르기 때문이다. 워런 버핏은 말했다. "누구나 하루 24시간을 가진다. 그러나 부자는 그 시간을 어떻게 쓰는지 고민한다." 부자는 시간을 돈과 직접 교환하지 않는다. 시간의 가치를 키우는 구조를 만든다. 원리는 단순하지만 실행에는 체계가 필요하다.

나의 경험을 예로 든다. 지금 나는 7명의 핵심 전문 스태프와 일하며 시간당 100만 원 이상의 가치를 만든다. 이 결과는 하루아침에 이뤄지지 않았다. 처음부터 큰 조직을 꾸리는 일은 현실적으로 불가능하며 위험하다. 나는 어떻게 여기까지 왔는가! 그 과정을 차근히 설명하고자 한다.

처음에는 나도 모든 일을 혼자 했다. 리크루팅, 조직관리, 강의, 컨설팅, 행정, 마케팅까지 전부 내 손으로 해결했다. 하루 14시간 이상 일했지만 월수입은 500만 원이 한계였다. 더 이상의 성장은 불가능했다. 나는 이 상황을 문제로 인식했고, 그래서 한 달 동안 모든 활동을 기록하며 각각의 행위가 창출하는 실제 가치를 분석했다. 그 결과 내 시간의 절반 이상이 누구나 할 수 있는 단순 행정 업무에 소비되고 있다는 사실을 알게 됐다.

첫 번째 내린 결정은 파트타임 개인 비서를 고용하는 것이었다. 월 250만 원의 비용이 들었지만 단순 행정 업무에서 완전히 벗어날 수 있었다. 확보된 시간으로 조직 운영과 팀 빌딩에 집중할 수 있었고, 이후 성장 곡선은 뚜렷한 우상향을 그리기 시작했다.

그다음에는 마케팅 담당자와 영상 편집자를 차례로 뽑았다. 월 고정비가 1,000만 원 늘었지만, 덕분에 꾸준히 좋은 콘텐츠가 만들어졌고 자연스럽게 홍보 효과와 브랜드 가치가 올라갔다. 그러자 외부 강의 요청이 들어오기 시작했고, 1:1 컨설팅 문의로 이어졌으며 결국 입사 문의까지 연결됐다. 조직이 눈에 띄게 커지기 시작한 것이다.

문제는 신입들이 늘어나면서 교육이 필요해졌다는 점이었다. 혼자서 교육 프로그램까지 진행하고 관리하는 건 현실적으로 무리였다. 그래서 교육 총괄 이사를 영입하기로 했다. 그 결정은 옳았다. 체계적인 교육 시스템이 갖춰지면서 교육의 양과 질을 유지한 채 더 많은 교육생을 수용할 수 있는 기반이 마련된 것이다.

현재 우리 조직은 7명의 핵심 전문가들이 유기적으로 협력하며 움직이고 있다. 전략총괄이사는 조직의 성장과 비전을 수립하고 각 지사가 안정적으로 자리 잡을 수 있도록 장기적인 성장 방향을 제시한다. 교육총괄이사는 전문 교육 프로그램을 개발하며 신입 사원 교육을 책임진다. 동시에 지사별 교육 과정을 체계적으로 운영해 전반적인 역량을 끌어올린다.
방송 파트는 PD와 편집실장이 이끈다. PD는 기획·제작·촬영을 총괄하며 편집실장은 완성도를 극대화해 콘텐츠를 다듬는다. 두 사람의 협업을 통해 조직의 얼굴이 되는 영상이 탄생한다.
마케터는 지점장과 본부장이 효과적인 브랜드 전략을 세우고 실행하도록 지원한다. 디자이너는 행사와 홍보물, 각종 시각 자료를 품격 있게 디자인해 조직의 이미지를 높이고 있다.
영업지원 실장은 일정과 행정 전반을 조율하며 보이지 않는

곳에서 조직의 원활한 운영을 든든히 뒷받침하며 이렇게 각자의 영역에서 최고의 역량을 발휘하는 일곱 명이 힘을 모을 때, 조직은 매일 더 큰 가치를 만들어낸다. 이들의 월급 총액은 수천만 원에 이르지만 그 성과는 그 몇십 배의 가치로 돌아온다.

이렇게 체계적인 시스템이 자리 잡으면서 나는 비로소 나만이 할 수 있는 본질적인 업무에 집중할 수 있게 되었다. 하루 대부분을 가치 있는 일에 투자하며 그중에서도 주된 영역은 브랜딩과 마케팅이다. 이를 통해 조직의 성장을 위한 큰 그림을 그려내고 각 본부와 지점에 방향성을 제시한다.

외부 강의와 컨설팅을 통해 전문성을 끊임없이 단련하며 외곽 지사의 리더그룹과 직접 만나 신뢰를 쌓고 각 지사에 적합한 새로운 비즈니스 기회를 제안한다. 또한 조직의 지속적인 성장을 위해 신규 프로모션과 이벤트를 기획하는 일 역시 직접 맡고 있다. 이는 시장의 요구를 정확히 읽어내고 우리만의 차별화된 가치를 창출하는 핵심 작업이다.

매월 정기적으로 열리는 리더그룹 전략 미팅에서는 조직의 방향을 공유하며 각자가 맡은 자리에서 최선의 결과를 낼 수 있도록 리더십을 발휘한다. 이 과정을 거치며 깨달은 것은 성공적인 레버리지의 핵심이 단순히 일을 나누는 데 있지 않다는 점이다. 중요한 것은 각자의 전문성이 충분히 발휘될 수 있는 환경을 마련하고, 그 속에서 자연스럽게 시너지가 일어나도록 하는 것이다. 이를 위해서는 리더인 내가 먼저 본질적인 일에 집중해야 한다. 동시에 팀원들이 자신의 역량을 마음껏 펼칠 수 있도록 신뢰하고 지원하는 것이 무엇보다 중요하다. 이것이야말로 진정한 부를 만들어 가는 길이며 내가 전하는 빠른 조직 성장과 성공의 핵심 원칙이다. 이런 성장 과정에서 배운 핵심 원칙은 다음과 같다.

첫째, 조직의 성장은 단계적 확장이 핵심이다. 성장은 서두른다고 이뤄지지 않는다. 무리한 채용은 팀을 흔들고 조직 전체를 위험에 빠뜨릴 수 있다. 처음 직원을 채용할 때는 간절하게 '한 사람만 와서 도와줬으면 좋겠다'는 마음이 앞선다. 그러나 충분한 검증 없이 채용한 인물이 기대와 맞지 않으면 효율성은커녕 불협화음이 생긴다. 처음에는 절실했던 그 한 사람이 어느 순간 '오히려 없어야 일이 더 수월'한 존재가 되기도 한다. 따라서 조직의 성장은 단순히 인력을 늘리는 문제가 아니라, 원하는 방향에 맞는 전문가를 철저히 검증해 신중히 채용하는 과정이다.

둘째, 가장 먼저 채용해야 할 인재는 나의 시간을 가장 많이 차지하는 단순 업무를 대신할 사람이다. 반복적이고 소모적인 일에서 벗어나야 중요한 전략을 세우고 더 큰 성장을 도모할 수 있다. 시간은 곧 성장의 원동력이다. 단순 업무에 매여 있으면 본질적인 고민을 할 여유가 사라진다. 따라서 첫 번째 채용에서는 '내가 하지 않아도 되는 일'을 맡길 수 있는 인재를 찾아야 한다. 확보된 시간은 반드시 더 나은 방향으로 조직을 이끄는 데 쓰여야 한다.

셋째, 급여는 시장 평균 이상을 지급한다. 우수한 인재는 비용이 아니라 투자다. 인재를 확보하고 유지하는 가장 확실한 방법은 그들의 가치를 인정하고 합당한 보상을 제공하는 것이다. 시장 평균 이상의 급여를 주는 것은 단순한 지출이 아니라 장기적 성장을 위한 전략적 선택이다. 반대로 인재를 저렴한 비용으로 붙잡아 두려는 태도는 결국 더 큰 손실로 이어진다. 뛰어난 인재를 원한다면 그에 걸맞은 보상을 제공해야 한다.

더 많은 시간을 일한다고 부가 늘어나지 않는다. 부는 시간을 얼마나 현명하게 쓰느냐에 달려 있다. 이는 단순히 열심히 일하는 '노동자'의 관점에서 벗어나, 시간을 자산으로 다루는 '사업가'의 관점으로 전환하는 것을 뜻한다. 하루 24시간은 정말 가치 있게 쓰이고 있는가? 시간을 최적화하는 일은 거창한 변화에서 시작되지 않는다. 작은 실천이 쌓여 결국 큰 차이를 만든다.

중요한 것은 '언젠가 해야지'라는 미루는 태도가 아니라, 지금 즉시 실행하는 것이다. 지금 당신의 시간이 만들어내는 가치는 얼마인가? 그 가치를 더 높일 방법은 무엇인가? 시간을 어떻게 쓰느냐에 따라 미래는 달라진다. 부를 원한다면, 지금 이 순간부터 시간을 지배하라. 그것이 진정한 부를 향한 첫걸음이다.

03
상품이 아니라 나를 선택하게 하라

세일즈를 단순한 판매로만 바라보면 한계를 넘기 어렵다. 그러나 이를 사업의 관점으로 확장하면 무한한 가능성이 열린다. 나 역시 보험 영업사원으로 시작했지만 세일즈를 사업처럼 운영하며 조직을 만들고 시스템을 구축해 결국 사업가로 성장할 수 있었다. 그렇다면 세일즈를 사업으로 확장하기 위해 반드시 알아야 할 핵심 전략은 뭘까?

직장인이 아니라 사업가처럼 사고하는 것이다. 많은 영업인은 '내가 얼마나 팔았는가?'에 집중한다. 그러나 진정한 세일즈 사업가는 '내가 만든 시스템이 얼마나 많은 판매를 만들어내는가?'를 묻는다. 즉, 개인의 노력으로만 성과를 내는 것이 아니라 재생산 가능한 구조를 만드는 것이다.

세일즈에는 두 가지 방식이 있다. 고객에게 팔고 끝나는 일회성 소득 방식과 고객이 지속적으로 제품이나 서비스를 사용하도록 만들어 반복 수익을 창출하는 반복 소득이다.

반복 소득을 만들기 위해서는 고객과 장기적인 관계를 구축하고 재구매가 가능한 구조를 설계해야 한다. 그러나 많은 영업인은 세일즈를 '사업'이 아닌 단순한 '장사'로 운영하며 단기 이익에만 집중한다. 이들은 고객을 거래 대상으로 본다. 반면 진정한 세일즈 사업가는 고객을 평생 자산으로 바라본다. 단순히 상품을 파는 것이 아니라, 신뢰를 기반으로 하는 장기적 고객 관리 시스템을 구축하는 것이다. 개인이 하루 24시간, 일주일 7일을 모두 영업에 쏟아부어도 성과에는 분명한 한계가 있다. 그러나 조직을 만들고 팀과 함께 성장하면 세일즈의 규모는 완전히 달라진다. 단순한 개인 영업자가 아니라, 조직을 이끄는 리더로 성장할 때 비즈니스의 확장 가능성이 열린다. 그렇다면 어떻게 해야 효율적인 조직을 구축하고 팀을 운영할 수 있을까?

나 혼자가 아닌, 조직으로 확장하라

많은 영업사원이 일정 수준 이상의 성과를 내기 시작하면 모든 일을 혼자 해야 한다는 착각에 빠진다. 상담부터 계약, 사후 관리까지 전부 직접 챙기며 성과를 극대화하려 하지만 이는 단기적 성과에는 유리할지 몰라도 장기적 성장에는 분명한 한계가 있다. 사업 확장의 핵심은 리크루팅과 시스템화에 있다. 혼자 영업하는 것이 아니라 나와 같은 영업 전문가를 더 많이 만드는 것. 조직을 확장하고 팀을 운영하는 것. 내가 없어도 비즈니스가 돌아가도록 시스템을 구축하는 것. 이것이 세일즈를 '장사'가 아닌 '사업'으로 확장하는 결정적 차이다.

리크루팅, 성장의 판을 바꾸는 인재 영입

팀을 만들려면 반드시 우수한 인재를 리크루팅 해야 한다. 많은 사람이 이 과정을 단순히 '사람을 많이 뽑는 것' 정도로 생각하지만 리크루팅은 그 이상의 의미다. 이는 조직의 DNA를 결정짓는 가장 중요한 과정이다. 리크루팅의 핵심은 세일즈를 할 사람을 찾는 데 있지 않다. 비전과 목표를 함께 나눌 수 있는 사람을 찾아야 한다. 단순히 돈을 벌기 위해 영업을 하려는 사람이 아니라 자기 성장과 성공에 대한 강한 의지를 가진 사람이 필요하다. 이런 사람들은 빠르게 성장하며 궁극적으로 조직의 핵심 리더로 자리 잡는다.

이전 직장에서 내가 교육 강의를 하던 날, 한 청년 사원이 눈에 들어왔다. 수많은 사람 중에서도 그의 눈빛은 유독 강렬했다. 단순히 앉아 교육을 듣는 사람이 아니라, 무엇이든 흡수하려는 열정이 느껴졌다. 시간이 흘러 내가 지금의 회사로 이직한 후, 그 청년은 나를 찾아왔다.

"대표님, 저는 더 성장하고 싶습니다."

20대의 젊음이 가진 에너지와 그 안에 숨겨진 뜨거운 열정이 그대로 전해졌다. 그는 이미 영업에서 좋은 성과를 내고 있었고 원하는 것을 이루며 경제적으로도 부족함이 없었다. 그러나 그 자리에 안주하지 않았다.

"많은 걸 얻었어요. 하지만 이상하게도 성장에 대한 목마름은 채워지지 않습니다."

이미 성공을 거둔 상황에서도 그는 멈추지 않았다. 성과에 만족하지 않고 더 큰 목표와 더 높은 성취를 향한 갈증을 느꼈다. 지금 그는 20명의 조직원을 이끄는 지점장이 되었다. 자신의 영업뿐 아니라 조직 관리에도 능숙해지며 스스로 시스템을 만들어 성과를 극대화하고 있다.

리크루팅 역시 세일즈다. 단순히 "우리 조직으로 오세요"라고 권유하는 것이 아니다. 조직의 비전과 성장 가능성을 얼마나 매력적으로 전달할 수 있는지가 관건이다. 우수한 인재들은 어디서든 좋은 기회를 얻을 수 있다. 그렇다면 왜 우리 조직이어야 하는가? 왜 이곳에서 함께해야 하는가? 리더는 그 이유를 명확히 설득할 수 있어야 한다.

성장을 설계하는 멘토링 구조

리크루팅이 성공적으로 이뤄졌다고 해서 조직이 저절로 성장하는 것은 아니다. 중요한 것은 영입된 인재들이 얼마나 빠르게 자리 잡고 성장하느냐이다. 이를 위해서는 리더 개인의 역량에만 의존하는 방식이 아니라 누구나 활용할 수 있는 체계적인 멘토링 시스템이 필요하다.

새로운 영업사원이 들어올 때마다 일일이 개별적으로 교육하는 방식은 장기적으로 비효율적이다. 시간이 지나면 리더의 시간을 갉아먹는 요인이 되며 조직의 확장 속도 또한 제한된다. 따라서 시스템화된 교육 구조를 마련해야 한다.

체계적인 신입 교육 시스템 구축

영업을 처음 시작하는 사람들을 위한 표준화된 교육 과정을 반드시 만들어야 한다. 이 과정에는 기본적인 상품 이해, 세일즈 스킬, 고객 관리 전략, 목표 설정과 성과 관리 방법 등 현장에서 바로 적용할 수 있는 핵심 내용을 포함해야 한다.

표준화된 교육 시스템은 단순히 지식을 전달하는 데 그치지 않고 조직 전체의 역량을 균일하게 끌어올리는 역할을 한다. 이를 통해 신입은 빠르게 성장 궤도에 오를 수 있고 리더는 더 중요한 전략과 비전 제시에 시간을 집중할 수 있다.

온라인 강의, 매뉴얼, 교육 프로그램 활용

일대일 교육만으로는 시간과 비용이 너무 많이 든다. 온라인 강의, 매뉴얼, 영업 가이드북 등을 활용해서 누구나 언제든지 학습할 수 있는 시스템을 만들어야 한다. 이런 도구들은 교육을 표준화해주고 신입부터 숙련자까지 같은 기준으로 학습할 수 있게 돕는다.

성장 단계별 코칭 시스템 운영

영업사원이 성장하는 단계마다 필요한 교육과 코칭은 달라진다. 초보 단계에서는 기본적인 세일즈 기술과 고객 응대법을 배우는 게 우선이지만, 일정 수준의 성과를 내기 시작하면 팀 운영, 조직 확장 리더십 같은 교육이 필요하다. 성장 단계에 맞춘 맞춤형 코칭을 제공해야 조직 전체의 성장이 빨라진다.

1:1 멘토링과 그룹 코칭을 병행하라

개별 멘토링은 세밀한 피드백을 줄 수 있고 그룹 코칭으로는 팀원들 사이의 유대감과 협업을 키울 수 있다. 두 가지 모두 진행할 때 균형 잡힌 성장이 가능하다. 정기적인 미팅이나 워크숍을 통해 서로의 경험과 노하우를 공유하면 개인의 성장은 물론 팀 전체의 역량도 함께 올라간다.

조직을 움직이는 보이지 않는 엔진

조직이 커질수록 모든 걸 직접 챙기는 방식은 한계에 부딪힌다. 처음에는 팀원 한 명 한 명과 긴밀하게 관계 맺으며 이끌 수 있지만, 인원이 늘어나면 개인 관리보다 시스템이 우선돼야 한다. 잘 설계된 시스템이 있으면 리더가 없어도 팀은 굴러간다. 신입이 들어와도 빠르게 적응하고 기존 팀원도 계속 성장할 수 있다. 시스템이 없는 조직은 규모가 커질수록 쉽게 무너진다. 리더의 손에 달린 조직이 아니라 스스로 굴러가는 조직을 만들어야 한다.

세일즈 사업가는 단순히 상품을 파는 사람이 아니다. 자신의 이름을 브랜드로 만든 사람이다. 고객이 선택할 때 "이 회사 상품이 괜찮네"가 아니라 "이 사람을 통해 가입하고 싶다"라고 느끼게 해야 한다. 내용과 가격은 언제든 변할 수 있지만 고객이 최종적으로 선택하는 것은 상품이 아니라 사람이다. 보험료가 저렴해서 가입한 고객은 더 싼 상품이 나오면 바로 옮겨 간다. 회사 이름만 보고 가입한 고객은 조건이 더 좋은 회사가 나타나면 쉽게 떠난다. 그래서 세일즈 사업가는 반드시 자기 자신을 브랜드로 세워야 한다. 상품은 바뀌고 회사도 변하지만 고객이 끝내 선택하게 되는 건 '나'라는 사람이다. 고객이 상품을 고민하는 게 아니라, 누구를 통해 가입할지 고민하게 만드는 것. 그게 브랜딩의 힘이다.

전 세계 60억 인구 중 유일한 존재는 바로 나다. 상품은 복제될 수 있고 회사도 바뀔 수 있지만 나라는 브랜드는 절대 복제되지 않는다. 이것이 개인 브랜딩의 본질이다. 세일즈를 오래 지속하려면 결국 나 자신을 세일즈 해야 한다. 브랜드가 없는 영업은 잠깐의 장사에 그치지만, 브랜드가 있는 영업은 평생 이어갈 수 있는 사업이 된다. 회사가 아닌 나를 선택하게 만들어야 한다. 고객이 나를 브랜드로 인식하는 순간, 세일즈는 단순한 판매가 아니라 하나의 비즈니스가 된다.

04
세일즈, 사업이 되는 여섯 가지 설계도

플랫폼은 곧 무한한 시장이다

성장하는 비즈니스를 위해서는 블로그, 유튜브, 인스타그램, 커뮤니티 같은 플랫폼을 반드시 구축해야 한다. 처음에는 꾸준한 콘텐츠 생산과 노력이 필요하지만 일정 시점이 지나면 플랫폼 자체가 나를 대신해 일하는 구조로 전환된다. 블로그에 글을 계속 올리면 검색엔진 최적화 효과로 방문자가 늘어나고, 광고 수익·제휴 마케팅·강의 판매 같은 기회가 자연스럽게 따라온다. 유튜브 역시 구독자가 늘어날수록 과거 영상이 꾸준히 조회되며 광고와 협찬으로 연결된다.

잘 운영된 플랫폼은 단순한 수익 수단을 넘어 브랜드의 영향력을 넓히고 새로운 사업 기회를 만들어내는 강력한 자산이 된다. 나는 리크루팅 유입 모델 10가지를 플랫폼으로 구축했다. 초반에는 왜 그런 일을 하느냐는 시선이 많았지만 플랫폼을 통해 폭발적인 성장을 이루자, 오히려 그 방법을 배우려는 사람들이 줄을 섰다. 나는 기꺼이 방법을 공유했지만 대부분은 플랫폼이 자리를 잡기도 전에 포기했다. 이 경험을 통해 나는 플랫폼이 여전히 블루오션이라는 사실을 다시 깨달았다. 누구나 시작할 수는 있지만 끝까지 완성하는 사람은 극소수이기 때문이다.

지식과 브랜드를 자본으로 바꿔라

특정 분야에서 전문가로 성장하는 것은 장기적인 성공을 위한 필수 전략이다. 꾸준히 학습하고 연구하며 권위자로 자리 잡으면 사람들이 스스로 나를 찾아온다. 전문가의 지적 자산은 시간이 지나도 가치를 잃지 않는다. 한 번 출간한 책이나 제작한 강의는 내가 직접 개입하지 않아도 계속 판매되며 나를 대신해 수익을 만든다. 자기 이름으로 된 콘텐츠, 책, 논문, 강연은 단순한 정보 제공을 넘어 신뢰와 권위를 세우는 핵심 자산이다. 전문가 브랜드가 형성되면 강연 요청, 컨설팅, 코칭 등 다양한 기회가 따라오고 이는 다시 새로운 성장의 발판이 된다. 나는 조직이 300명 규모로 성장했을 때 전자책을 출간했다. 종이책보다 두 배 비싼 33,000원 이었지만 내가 구축한 플랫폼을 통해 단 한 달 만에 1,000권 이상 판매되었다.

전문가 브랜드가 자리 잡히면 강연 요청은 자연스럽게 이어진다. 15년 전 첫 강연에서 내 강연료는 시급 10만 원이었지만 지금은 150만 원까지 올랐다. 코칭과 컨설팅 프로그램도 꾸준히 운영하며 현재 4기까지 이어왔다. 특히 6명 정원으로 진행하는 멘토링 과정은 1인당 250만 원, 16주간의 프로그램으로 구성되었고 매 기수마다 높은 만족도를 기록했다.
이처럼 전문가로 성장해 지적 자산을 구축하면 시간이 흐를수록 브랜드 가치는 더욱 높아진다. 다양한 기회가 끊임없이 찾아오고 단기 수익을 넘어 지속 가능한 성장과 영향력으로 이어진다.

소비 대신 자산에 베팅하라
노동의 대가로만 수익을 창출하는 구조에서 벗어나, 자본이 나를 대신해 일하게 만드는 시스템을 갖추는 것이 중요하다. 단순히 월급을 벌어 소비하는 데 그치지 않고 세일즈로 얻은 수익을 다양한 방식으로 재투자해야 한다. 부동산, 주식, 사업과 같은 자산에 투자하면 시간이 지날수록 복리 효과가 쌓인다. 임대 부동산은 안정적인 현금 흐름을 만들어내고 주식은 배당금으로 지속적인 수익을 창출한다. 노동만으로 버는 돈은 시간이 흘러도 본질적인 변화가 없지만 자산은 어느 순간부터 돈이 나를 위해 일하게 만든다.

나 역시 주식과 배당, 임대 소득은 물론 노동으로 얻은 수익의 상당 부분을 사업에 재투자했다. 많은 이들이 사업비용을 단순한 지출로 보지만 나는 그것을 투자로 바라봤다. 비용 절감에 집착하는 대신, 더 큰 성장을 위한 재투자를 선택한 것이다.

예를 들어 1,000만 원을 투자해서 1,100만 원을 얻었다면 10%의 수익률을 남긴 성공적인 투자다. 물론 투자에는 언제나 손실의 리스크가 따른다. 이런 불확실성 때문에 많은 사람들은 세일즈로 번 돈을 다시 사업 기반에 투입하는 것을 주저한다. 나 역시 도전의 과정에서 손실을 겪지 않은 적은 없다. 그러나 지금의 성장은 수많은 도전과 그에 따른 리스크를 감수한 결과다. 반복적인 재투자와 자산 축적을 통해 자본이 나를 대신해 일하는 구조를 만들 수 있었고 그것이 지속적인 성장과 성공을 이끄는 핵심 동력이 되었다.

혼자의 한계, 팀의 확장

혼자 일하면 시간이 지나도 성장에는 분명한 한계가 있다. 그러나 조직을 구축하면 지속적인 확장이 가능하다. 사업 초기에는 모든 업무를 직접 감당해야 하지만 팀을 만들고 역할을 나누면 점차 나 없이도 운영되는 구조가 갖춰진다. 핵심 인재를 영입하고 시스템을 정비하면 조직은 내 직접적인 개입 없이도 성장하며 안정적인 수익을 창출한다.

나 역시 세일즈로 출발해 지금은 1,000명의 조직을 일궜다. 처음에는 고객 상담과 계약은 물론, 사후 관리와 행정 업무까지도 혼자서 감당했다. 하루 24시간이 부족할 만큼 바쁘게 뛰었지만 노력만으로는 성장에 한계가 있었다. 더 큰 성장을 이루기 위해서는 혼자 뛰는 것이 아니라 함께할 팀을 세워야 했다. 단순한 개인영업에 머무르지 않고 사업으로 확장하는 과정에서 가장 중요한 요소는 바로 팀빌딩이었다. 조직을 만드는 일은 쉽지 않았지만 체계적인 인재 영입과 효율적인 시스템 도입을 통해 지속적인 성장이 가능해진 것이다.

지금도 나는 조직을 더 크게 성장시키기 위해 새로운 시스템을 도입하고, 유능한 인재를 영입하며 함께 성장하는 문화를 만들어가고 있다. 조직은 단순한 인력의 집합이 아니라 나의 가장 큰 자산이며 시스템은 지속적인 성공을 떠받치는 기반이다. 이 원칙이야말로 내가 1,000명의 조직을 세우고 끊임없이 확장할 수 있었던 가장 강력한 원동력이다.

지식 공유, 수익과 영향력을 동시에

온라인 강의, 컨설팅, 세미나와 같은 지식 기반 비즈니스는 지속 가능한 수익을 창출한다. 내가 쌓아온 노하우를 교육 콘텐츠로 전환하면, 한 번 만든 강의가 꾸준히 판매되며 반복적인 수익을 만들어낸다. 예를 들어, 클래스유, 클래스101, 브런치와 같은 플랫폼에 온라인 강의를 개설하면 시간이 지나도 수강생이 계속 늘어나면서 자동으로 수익이 발생한다.

또한 컨설팅과 멘토링을 통해 사람들을 돕는 과정에서 브랜드 가치 역시 높아진다. 오프라인 강의는 한 번 진행하면 끝나지만, 이를 영상으로 기록하거나 책·자료집 형태로 남기면 언제든 다시 활용할 수 있다. 지식을 공유하는 일은 단순히 수익을 넘어, 나와 조직의 영향력을 확장하는 중요한 자산이 된다.

나는 지난 15년간 수천 번의 강의를 진행했다. 그러나 처음 12년 동안은 기록을 남기지 못했다. 그저 강의를 제공하는 데만 집중했기 때문이다. 하지만 13년 차부터는 모든 강의를 실시간으로 촬영하고 이를 온라인에서 재판매하는 시스템을 구축했다. 지금 클래스유에는 50강 규모의 강의가 올라 있고 이미 100명이 넘는 수강생이 학습 중이다. 여기에 그치지 않고 〈세일즈에듀〉라는 자체 온라인 강의 앱을 제작해 수백 명의 세일즈 전문가 강의를 직접 판매하고 있다.

이것이야말로 진정한 의미의 쌓이는 노동이다. 한 번으로 끝나는 소모적 노동이 아니라 다시 쓰이고 반복되는 노동. 이 시스템이야말로 세일즈를 단순한 개인 활동이 아닌 사업으로 확장하는 다섯 번째 방법이다.

평판이 성장의 판을 바꾼다

개인 브랜드를 성장시키면 내가 직접 영업하지 않아도 기회가 저절로 찾아오는 구조가 형성된다. 브랜드가 있는 사람과 없는 사람의 차이는 극명하다. 단순히 세일즈를 잘하는 차원을 넘어 특정 분야에서 '이 사람'이라는 인식을 구축하면 고객과 협업의 기회가 자연스럽게 따라온다.

유튜브, 블로그, SNS를 통해 꾸준히 콘텐츠를 발행하면 인지도와 신뢰가 쌓인다. 시간이 흐르면서 사람들이 먼저 나를 찾아오는 흐름이 만들어진다. 브랜드가 확립되면 강연, 협업, 출판 등 다양한 기회가 열리고 그것이 다시 브랜드를 더욱 강력하게 만든다.

나는 한때 '세일즈로 사업하기 신단장'이라는 브랜드로 자리 잡았다. 검색포털에서 이 이름을 검색하면 언제나 내 이름이 나올 정도로 인지도를 구축했다. 현재 나는 팀빌딩과 조직 구축의 전문가로 브랜딩이 확립되었다. 대한민국 보험업계에서 나보다 팀빌딩과 리크루팅에 전문성을 가진 사람은 없다고 자부한다. 그래서 강연, 협업, 출판의 기회들이 끊임없이 이어졌고 그것을 성장의 발판으로 삼을 수 있었다.

브랜딩은 하루아침에 완성되지 않는다. 앞서 언급한 여섯 가지 방법을 꾸준히 실행했기에 지금의 브랜드가 형성될 수 있었다. 브랜드는 단순한 명성이 아니라 시간과 신뢰로 쌓아 올린 자산이다. 그리고 이 자산이야말로 더 큰 기회와 지속적인 성장을 가져다준다.

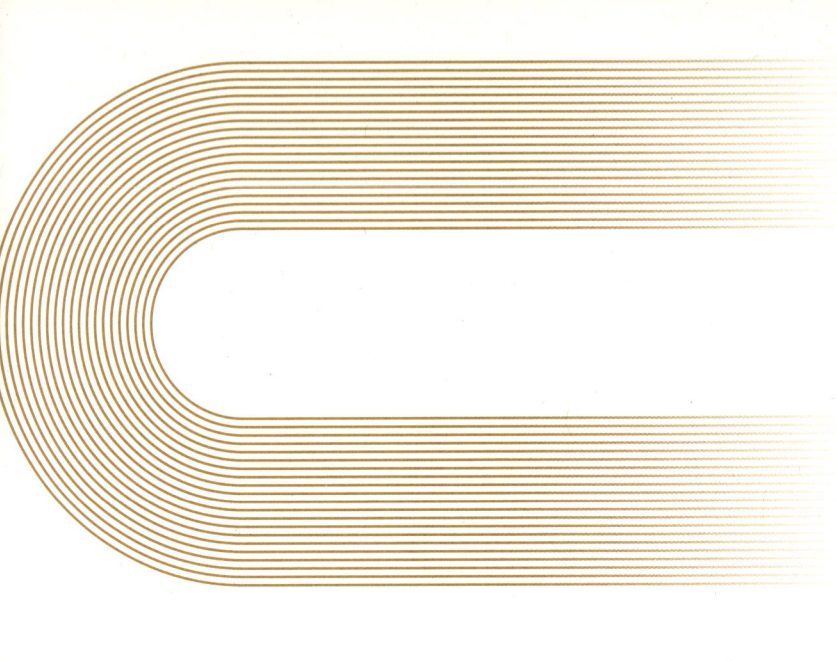

☐
■
☐

Ultimately,

It's the

System

2장

사람을 세우는 일이 곧 조직을 세우는 일이다

01
리크루팅, 숫자가 아닌 사명으로

끝없는 성장을 가능하게 한 비밀은 바로 리크루팅이었다. 2012년, 생명보험회사에 첫발을 내디뎠을 때부터 나는 분명한 꿈을 품었다. 단순히 보험설계사로 머무는 것이 아니라, 나만의 조직을 세워 진정한 사업가로 서는 것이었다. 입사하자마자 나는 지점장님을 찾아가 물었다. "어떻게 하면 가장 빠르게 성공할 수 있을까요? 어떻게 하면 관리자가 될 수 있을까요?"

그때 나는 나이도 어렸고 업계 경험도 전무했다. 내세울 만한 커리어조차 없었다. 그래서 더 간절했다. 지점장님은 단호하게 말씀하셨다.

"성공하고 싶다면 목표를 세우고 그 목표를 반드시 달성하겠다는 마음으로 실천해라. 영업에서의 성공은 '목표와 실행'이라는 간단한 공식으로 시작된다."

그 순간 머릿속이 환해졌다. 단순하지만 강력한 그 공식이야말로 영업 세계를 움직이는 본질임을 깨달았다. 나는 즉시 구체적인 목표를 세웠다. 매주 3건 이상의 계약과 신규 고객 5명 발굴, 매월 최소 12건 계약과 기존 고객 3명 추가 상담, 연간 목표는 연도 대상과 MDRT 회원 자격 달성. 이 목표들은 단순한 숫자가 아니었다. 앞으로 내 길을 이끌 나침반이자, 진정한 성장을 향한 첫걸음이었다.

그리고 매일의 행동을 이끄는 확고한 지침이었다. '열심히'라는 막연한 태도가 아니라 목표를 향해 체계적으로 움직였다. 그 결과는 놀라웠다. 1년 동안 매주 3건 이상의 계약을 60주 연속 달성, 누적 계약 건수는 250건을 넘어섰다. 연도 대상 브론즈와 Honors Club 승격을 이뤘고 입사 9개월 만에 MDRT에 가입했다. 스스로도 믿기 어려울 만큼 빠른 성과였다.

2014년, 영업을 시작한 지 3년 만에 관리자로 승격하며 새로운 도전이 시작됐다. 그리고 곧 깨달았다. 조직의 성장을 위해 가장 중요한 것은 무엇보다 리크루팅이라는 사실이었다.

처음에는 가장 익숙한 방법을 택했다. 대학 시절 후배들, 군대에서 함께했던 동기와 후임들, 교회에서 알고 지내던 지인들에게 연락했다. 그리고 진심을 담아 말했다.

"내가 하는 일은 단순한 영업이 아니야. 가치와 보람이 있고, 분명한 비전이 있어. 함께한다면 반드시 성공할 수 있어."

초기에는 몇몇이 제안을 받아들이며 순조롭게 시작되는 듯했다. 그러나 시간이 지날수록 지인 리크루팅의 한계가 분명해졌다. 가장 먼저 마주한 것은 수적 한계였다. 지인, 군대, 교회라는 세 가지 네트워크 안에서 리크루팅을 이어갔지만 어느 순간 더 이상 접근할 사람이 없다는 사실을 깨달았다. 내 인맥은 생각보다 훨씬 좁았고 확장은 불가능해 보였다.

더 큰 문제는 감정적인 부분이었다. 업무적으로 지적하거나 수정해야 할 상황이 오면 늘 망설여졌다. '일은 일인데, 친구로서 너무 강하게 말하면 상처받지 않을까?' 늘 이런 고민이 뒤따랐다. 실제로 군대 후임 중 한 명은 내가 제시했던 비전만큼 성과를 내지 못하자 크게 실망했고 관계는 점점 멀어졌다.

"제가 선배님을 믿고 따라왔는데…"라는 원망 섞인 말을 들었을 때는 큰 혼란을 겪었다. 그 과정을 통해 깨달았다. 지인 리크루팅은 시작점일 뿐이었다. 지속 가능한 성장을 위해서는 완전히 새로운 시스템이 필요했다. 어떻게 하면 내 개인적 네트워크를 넘어설 수 있을지, 어떻게 하면 지속 가능한 리크루팅 구조를 만들 수 있을지 끊임없이 고민했다. 같은 방식을 반복할 수 없다는 걸 알았다. 그리고 매일 밤 사무실에 홀로 남아 스스로에게 물었다.

'내 업의 본질은 무엇인가? 우리는 무엇을 위해 일하는가?'
그때 한 고객의 얼굴이 떠올랐다. 남편을 잃고 보험금으로 아이들을 키워낸 그분이 내게 말했다.
"선생님 덕분에 우리 가족이 다시 일어설 수 있었어요."
그 순간 비로소 깨달았다. 우리가 하는 일은 단순한 영업이 아니라, 한 가정의 미래를 지키고 사람들의 인생에 든든한 버팀목이 되어주는 일이었다. 이 깨달음은 곧 새로운 리크루팅 메시지의 뼈대가 되었다.
"당신은 단순히 보험 상품을 파는 영업사원이 아닙니다. 사람들의 인생과 미래를 설계하는 보장 전문 컨설턴트입니다. 우리는 고객의 삶과 죽음의 순간에 함께하며, 그들의 가장 힘든 시기에 희망이 되어주는 사람들입니다."

이 메시지는 누군가를 설득하기 위한 말이 아니었다. 내가 가슴 깊이 믿는 진실이었고 그 진심이 사람들의 마음을 움직였다. 그 결과 따뜻한 사명감을 지닌 동료들이 하나둘 조직에 합류했다. 리크루팅 방식도 달라졌다. 더 이상 지인 풀에 기대지 않았다. SNS와 온라인 채용 플랫폼을 적극 활용했고 정기적인 Job 세미나로 새로운 인재를 만났다. 그러나 가장 큰 변화는 조직 안에서 일어났다. 팀원들이 스스로 리크루팅에 나서는 문화가 자리 잡은 것이다. 그들은 자신이 겪은 경험과 성장 이야기를 후보자들에게 진정성 있게 전했고 그 진정성은 어떤 말보다 강력한 힘이 되었다.

리크루팅 과정 역시 완전히 체계화했다. 먼저 후보자에게 회사와 조직의 비전, 그리고 우리가 일하는 이유를 명확히 알렸다. 이어지는 설명회에서는 그들의 니즈를 세밀하게 듣고 우리가 줄 수 있는 가치를 구체적으로 제시했다. 입사가 결정되면 철저한 교육과 지속적인 지원으로 빠르게 적응하도록 도왔다. 이 모든 과정은 하나의 원칙으로 귀결됐다.

'우리는 사람을 채용하는 것이 아니라, 사명을 공유할 동반자를 맞이한다.'

이 체계적인 시스템은 곧 놀라운 결과를 가져왔다. 10년간의 관리자 경험을 토대로 리크루팅 전략은 점점 더 정교해졌고 이론으로 다듬어졌다. 매달 30명 이상의 리크루팅 문의가 들어오기 시작했고 개인은 물론 팀 단위의 입사까지 이어졌다. 조직은 기하급수적으로 성장했다. 처음 100명을 모으는 데 6개월이 걸렸다. 1년 만에 200명을 돌파했고 2년 차에는 350명이 되었다. 33개월 만에 500명을 넘어섰고 3년 6개월 만에 800명, 4년 만에 1,000명 규모로 성장했다. 전국 70개 지사를 운영하는 거대 조직으로 자리 잡았다. 사람들은 종종 묻는다.
"어떻게 그렇게 짧은 시간 안에 큰 성과를 낼 수 있었나요?"

그때마다 떠오르는 장면이 있다. 매일 새벽 첫 지하철을 타고 출근하던 순간들. 한밤중까지 사무실에 홀로 남아 전략을 고민하던 시간들. 수없이 많은 거절을 받으면서도 포기하지 않았던 날들. 나는 그 모든 기억을 담아 단 한마디로 답한다.
"간절했기 때문입니다."
간절함은 씨앗과 같았다. 그저 품고만 있으면 아무 일도 일어나지 않는다. 땅에 심고, 매일 물을 주고 때로는 거친 바람을 막아줘야 한다. 나는 그렇게 했다. 막연한 열정을 구체적인 전략으로 바꾸고 작은 실천들을 모아 견고한 시스템으로 만들었다. 그리고 그 과정에서 만난 모든 이들에게 늘 진심을 다했다. 결국 그 작은 씨앗은 1,000명의 동료와 70개의 지사라는 울창한 숲으로 자라났다. 이것이 내가 경험한 간절함의 마법이다.

진정한 성공은 결코 혼자만의 것이 아니다. 수많은 사람들의 꿈과 열정이 모여 피워낸 아름다운 결실이다. 리크루팅은 단순히 사람을 모으는 일이 아니다. 비전을 나누고, 신뢰를 쌓으며 함께 성장하는 과정이다. 이것이 내가 깨달은 끝없는 성장의 비밀이다. 당신도 지금 이 순간, 당신만의 간절함을 시스템으로 만들 수 있다. 그 여정의 끝에는 반드시 놀라운 결실이 기다리고 있을 것이다.

02
왜 계속해야 하는가?

첫 번째 이유: 조직이 오래 가려면 반드시 필요한 일

리크루팅은 단순히 사람 수를 늘리는 일이 아니다. 사람과 사람의 관계를 통해 조직의 지속 가능성을 만들어가는 과정이다. 팀원이 새로 합류할 때마다 나는 그들과 함께 성장하고 그들의 삶에 긍정적인 변화를 만들어야 한다는 책임감을 느낀다. 이 책임감은 단순히 업무 관계를 넘어 그들의 인생과 꿈을 함께 고민하고 지지하는 동반자로서의 역할로 확장된다. 어떤 날은 새로 들어온 팀원의 이야기가 내 가슴을 울렸다.

"지금껏 가족을 위해 고생만 해오셨군요. 이 일을 통해 조금이라도 더 나은 삶을 살 수 있도록 돕겠습니다." 내가 그에게 건네는 이 한마디는 단순한 격려가 아니다. 누군가의 인생이 내 선택과 리크루팅으로 바뀔 수 있다는 사실을 마주하는 순간, 관리자가 아니라 그들의 미래를 함께 설계하는 파트너가 된다. 이 감각이야말로 내가 리크루팅을 멈출 수 없는 이유다.

리크루팅은 단순히 팀원 수를 늘리는 도구가 아니다. 사람의 삶을 풍요롭게 하고 조직의 방향성을 단단히 세우는 과정이다. 새로 합류한 팀원이 자신의 목표를 이루면 그들은 조직에 대한 신뢰와 애정을 더 깊이 느낀다. 그 신뢰는 충성심으로 이어지고 팀원 간의 협력과 성장 문화를 강하게 만든다.
결국 리크루팅은 사람의 성공과 조직의 성장 그리고 나의 리더십을 함께 키우는 전략이다. 이것이 단순한 숫자 맞추기가 아니라 관계와 의미를 통해 조직을 지속 가능하게 만드는 길임을 깨닫는 순간 리더로서 해야 할 일이 분명해진다. 이 일은 한 번의 이벤트가 아니라 끊임없이 이어가는 사명이며 리더 자신이 성장하는 가장 강력한 동력이다.

두 번째 이유: 팀으로만 갈 수 있는 거리

영업은 기본적으로 고객을 만나 계약을 성사시키는 과정에서 시간과 공간의 제약을 받는다. 혼자서 모든 고객을 상대하려하면 물리적, 정신적 한계에 부딪히게 된다. 하루에 10명의 고객을 만나는 것은 사실상 불가능하다. 그러나 10명의 팀원이 있다면 각자가 한 명씩 고객을 만나 하루에 10명의 상담이 가능해진다.

리크루팅은 단순히 숫자를 늘리는 일이 아니다. 시간과 에너지를 분산시켜 조직 전체의 생산성을 극대화하는 전략이다. 혼자 모든 것을 감당하려는 시도는 결국 번아웃과 좌절로 이어진다. 팀과 함께 일하면 조직은 더 많은 고객을 만나는 것을 넘어 더 넓은 시장을 개척하고 더 많은 기회를 발견한다. 혼자 가면 빨리 갈 수 있다. 그러나 함께 가야만 멀리 갈 수 있다. 오늘날 경쟁 사회에서는 혼자 가도 빨리 갈 수 없는 경우가 많다. 함께 가야만 지속 가능한 성공을 거둘 수 있다.

세 번째 이유: 확신이 없다면 리크루팅도 없다

리크루팅은 나의 직업에 대한 확신에서 시작된다. 내가 내 일을 믿지 않으면 다른 사람에게 이 일을 권할 수도, 이끌 수도 없다. 리크루팅 과정은 단순한 팀원 모집이 아니라 나의 일에 대한 확신을 다시 확인하고 강화하는 시간이다.

내가 불안한 마음으로 리크루팅을 하면 그 불안이 상대에게 그대로 전달된다. 그러나 이 일이 가치 있고 사람들의 삶을 바꿀 수 있다는 믿음이 있다면 그 확신은 전염된다. 상대방도 그 확신에 공감하며 조직에 합류한다. 슬럼프가 찾아왔을 때도 리크루팅은 새로운 동력이 된다. 영업에서 좌절할 때 새로운 인재를 채용하기 위한 목표를 세우는 과정은 리더로서의 자신감을 되찾게 한다. 보험 영업과 리크루팅은 결국 같은 세일즈다. 상품을 판매하느냐 직업을 판매하느냐의 차이일 뿐이다.

네 번째 이유: 조직이 무너지지 않게 하는 힘

모든 조직은 시간이 지나면서 변화를 겪는다. 누군가는 이직하고, 누군가는 퇴사하며, 역할이 바뀌기도 한다. 이런 변화는 조직을 끊임없이 흔든다. 리크루팅은 그 공백을 메우고 조직의 연속성을 지키는 핵심 도구다. 리크루팅은 단순한 인원 보충이 아니다. 새로운 활력을 불어넣는 일이다. 다양한 배경과 경험을 가진 사람이 합류하면 신선한 아이디어와 에너지가 들어온다. 그 에너지는 기존 팀원에게도 긍정적인 자극을 주어 성장과 발전을 가속화한다. 리크루팅은 조직의 안정성을 넘어 시장에서의 경쟁력과 미래 성장 가능성을 확보하는 필수 전략이다.

다섯 번째 이유: 리더로 거듭나는 가장 강력한 훈련

리크루팅은 리더로서 성장하고 자기계발을 할 수 있는 가장 효과적인 훈련 과정이다. 다양한 배경과 성격을 가진 후보자들을 만나면서 리더는 사람을 이해하고 동기를 부여하며 조직을 이끄는 방법을 배운다. 후보자가 던지는 질문은 리더에게 중요한 학습 기회를 준다.

"이곳에 입사하면 저에게 어떤 이점이 있나요?" 이 질문에 답하기 위해 리더는 조직의 비전과 철학을 명확히 말해야 한다. 이 과정에서 비전은 더 구체화되고 전달력은 강해진다. 리크루팅은 설득 기술을 넘어서 리더 자신만의 철학과 방향성을 다듬는 과정이다. 다양한 사람의 시선과 삶의 이야기를 들으며 리더는 세상을 바라보는 시야를 넓히고 사람에 대한 이해의 폭을 키운다.

"왜 이 일을 해야 하는지 모르겠어요."

"제가 잘할 수 있을까요."

이 질문들은 리더에게 상대의 불안을 헤아리고 그에 맞는 동기부여 방법을 탐구하게 만든다. 예상치 못한 질문에 당황한 경험도 있을 것이다. 답변이 준비되지 않아 머뭇거렸던 순간은 다음 만남을 준비하는 데 가장 좋은 교훈이 된다. 리크루팅 과정은 리더가 자신의 약점을 보완하고 더욱 견고해지는 발판이다. 리크루팅은 관리자를 만드는 과정이 아니다. 리더를 만들어가는 여정이다. 리크루팅을 통해 우리는 단순한 관리자가 아닌 진정한 리더로 성장할 수 있다.

03
성공적인 리크루팅 면접의 공식

채용을 위한 첫 만남. 면접실의 문이 열리는 순간부터 리크루팅은 시작된다. 면접은 단순한 인사가 아니라 잠재적인 동료를 발굴하는 중요한 첫 단계다. 그러나 많은 관리자들이 "처음 뵙겠습니다"라는 인사 이후 대화를 어떻게 이끌어갈지 막막해한다. 체계적인 면접 프로세스가 없기 때문이다. 효과적인 리크루팅 면접을 위해서는 세심한 준비와 전략적인 접근이 필요하다.

첫째, 명함 교환의 순간은 면접의 공식적인 시작을 알린다.
이때의 예절은 단순한 형식이 아니라 조직의 문화와 가치를 보여주는 첫 신호다. 면접관이 두 손으로 정중하게 명함을 건네는 행동은 후보자에 대한 존중이자 회사의 전문성을 나타낸다. 특히 리크루팅 면접에서는 후보자가 명함을 갖고 있지 않을 수도 있다. 그럴 때 불편함을 느끼지 않도록 자연스럽게 대화를 이어가는 세심함이 필요하다.

명함 교환은 반드시 일어서서 진행한다. 후보자가 앉아 있다면 함께 일어서도록 부드럽게 안내한다.

"처음뵙겠습니다. 잠시 일어나 인사 나누시죠."

이 한마디로 면접 분위기는 훨씬 부드러워진다. 명함을 받은 후에는 미팅이 끝날 때까지 책상 위에 올려두고, 대화 중에 이름과 직책을 적절히 언급하며 일관성을 유지한다.

둘째, 아이스 브레이킹은 긴장을 풀기 위한 장치가 아니다.

후보자의 진짜 모습을 확인할 수 있는 소중한 기회다. 이력서나 포트폴리오에서 발견한 특징, 지원 동기, 업계의 최근 이슈 등을 활용해 자연스럽게 대화를 시작한다.

"지원서에서 언급하신 프로젝트 경험이 인상적이었습니다. 조금 더 들려주시겠어요?"

이런 질문은 후보자의 실제 경험과 전문성을 깊이 이해하는 데 도움이 된다. 면접관이 주의해야 할 점도 있다. 너무 사적인 영역이나 민감한 주제는 피해야 한다. 결혼 여부, 가족 관계, 종교와 같은 질문은 하지 않는 것이 좋다. 대신, 지원 직무와 관련된 경험이나 업계 트렌드에 대한 생각을 물어보는 것이 적절하다. 후보자의 SNS나 온라인 프로필을 언급할 때도 과도한 사생활 언급은 삼가야 한다.

셋째, 경청은 리크루팅 면접에서 가장 중요한 기술 중 하나다.

면접관의 경청 태도는 회사의 문화와 가치관을 그대로 보여준다. 단순히 고개만 끄덕이는 것이 아니라 후보자의 답변을 꼼꼼히 메모하며 집중한다. 이것은 진심 어린 관심을 보여주는 신호이자 이후 평가 과정의 중요한 자료가 된다.

경청은 말로 표현된 답변만 듣는 것이 아니다. 후보자의 표정, 말투, 몸짓 같은 비언어적 신호까지 함께 살펴야 한다. 특정 주제에서 드러나는 열정, 스트레스 상황에서의 태도, 팀워크에 대한 생각은 말보다 행동에서 더 분명히 보인다. 이런 신호들은 후보자가 조직에 얼마나 잘 어울릴지를 판단하는 중요한 단서다.

경청에서 가장 중요한 것은 적극적 듣기다. 단순히 귀로 듣는 것이 아니라 상대의 말에 진심으로 관심을 갖고 공감하며 듣는 것이다. 필요할 때는 후보자의 말을 짧게 되풀이하거나 이해한 내용을 확인하는 질문을 던진다.

"그 상황에서 팀원과의 소통을 가장 중요하게 생각하셨다는 말씀이신가요?" 이런 확인 질문은 후보자가 자신의 경험을 더 구체적으로 풀어낼 기회를 만든다. 면접 과정에서 회사의 문화와 비전을 자연스럽게 전달하는 것도 중요하다. 이는 단순한 회사 소개가 아니라 후보자가 추구하는 가치와 회사의 방향이 얼마나 맞닿아 있는지 확인하는 과정이다. 면접관은 회사의 성장 스토리와 주요 프로젝트 경험을 나누며 후보자가 이 조직에서 어떤 미래를 만들 수 있을지 그려볼 수 있도록 돕는다. 이런 대화는 단순한 채용이 아니라 함께 성장할 파트너십의 시작으로 이어진다.

마지막으로 면접 마무리 단계에서는 후보자가 회사나 포지션에 대해 질문할 시간을 충분히 제공해야 한다. 이때 면접관은 앞으로 함께할 동료를 대하는 마음으로 진정성 있게 답변해야 한다. 면접을 끝낼 때는 다음 단계와 결과 안내 시점을 명확히 알려준다.

"면접 결과는 일주일 내로 안내드리겠습니다."

이처럼 구체적인 시점을 약속하면 후보자의 불안감을 줄이고 회사의 전문성을 보여줄 수 있다.

리크루팅 면접은 단순한 질의응답이 아니다. 서로의 가치관과 비전을 확인하고 함께 성장할 가능성을 타진하는 시간이다. 면접관은 전문성과 인간미를 균형 있게 보여주며 회사의 문화와 가치를 자연스럽게 전달해야 한다. 성공적인 채용 면접은 양측이 서로의 가능성을 발견하고 공동의 비전을 그려보는 의미 있는 대화의 장이 되어야 한다.

04
채용을 넘어 동반자를 찾는 세 가지 방법

성공적인 리크루팅은 '많이 만나면 된다'는 고정관념을 버리는 데서 시작된다. 많은 관리자가 더 많은 사람을 만나면 성공 확률이 높아진다고 생각하지만 진정한 성공은 어떻게 만나고, 무엇을 보여주며, 어떤 신뢰를 쌓는가에 달려 있다. 현장 경험을 통해 검증된 세 가지 핵심 전략을 소개한다.

신뢰와 비전을 심는 2시간

"처음에는 시간 낭비라고 생각했어요. 바쁜 와중에 2시간이나 투자해서 사업설명회를 진행하는 게 맞나 싶었죠. 하지만 지금은 압니다. 이것이 가장 효율적인 리크루팅 방법이라는 것을요."

6년 차 A팀장은 이렇게 말했다. 그는 처음 우리 회사 사업설명회에 단순한 호기심으로 참석했다. "솔직히 처음에는 그저 타임프리 머니프리라는 말이 궁금해 참석했습니다. 당시 저는 금융권 감사실에서 근무했고 이직은 전혀 고려하지 않고 있었습니다."

하지만 2시간의 사업설명회는 그의 생각을 완전히 바꿔놓았다. "가장 인상 깊었던 것은 단순한 회사 소개가 아니었습니다. 금융 시장의 변화와 그에 따른 비즈니스 기회를 체계적으로 분석한 내용이었죠. 실제 경험을 기반으로 한 시장 사례와 구체적인 성장 전략은 제가 미처 보지 못했던 관점을 제시했습니다."

A팀장은 당장 입사하지는 않았지만 6개월 동안 우리 회사의 움직임을 지켜본 뒤 입사를 결심했다.

"사업설명회에서 본 비전이 머릿속에서 떠나지 않았습니다. 특히 계약 목표가 아닌 고객 중심의 가치 창출을 최우선으로 내세운 점이 인상 깊었습니다."

현재 그는 월 평균 3,000만 원의 수입을 올리는 것을 넘어, 자신만의 노하우를 담은 '신입 사원 성장 가이드'를 만들어 조직 성장에 기여하고 있다.

또 다른 사례는 이수진 매니저다. 10년간 보험 영업 경력을 가진 그녀는 여러 회사의 설명회를 다니며 이직을 고민하고 있었다. "다른 회사는 30분 만에 수수료를 설명하고 끝났습니다. 하지만 이곳은 달랐습니다. 2시간 동안 업계 트렌드부터 시작해 왜 지금이 변화가 필요한 시기인지, 그리고 회사가 어떤 준비를 해왔는지를 차근차근 설명해주셨죠. 처음으로 '이곳이라면 되겠다'는 확신이 들었습니다."

리크루팅 과정에서 사업설명회(Business Presentation)는 입사의 첫 관문이자 신뢰를 구축하는 결정적 순간이다. 많은 관리자가 대화 몇 마디로 리크루팅을 시도하거나 자신의 과거 성과와 외적인 변화(차, 시계 집 등)를 강조하며 후보자를 설득하려 한다. 그러나 감정적 설득은 잠시 관심을 끌 뿐, 오래 가는 신뢰로 이어지지 않는다.

나는 지금도 공식적인 사업설명회를 진행한다. 이유는 단순하다. 사람들은 신뢰할 수 있는 구조와 체계를 통해 안정감을 느낀다. 설명회는 단순한 회사 소개를 넘어 조직의 운영 철학과 성장 시스템을 보여주는 자리다. 최소 2시간 동안 회사의 비전, 성장 전략, 보상 체계, 교육 시스템 등을 체계적으로 설명하고 구체적 데이터를 제시해 조직이 어떻게 성과를 내는지, 어떤 경력자들이 성공 사례를 만들었는지 보여준다.

사업설명회는 정보 전달을 넘어 신뢰를 쌓는 과정이다. 실제로 한 후보자는 "지금은 신용 문제로 입사가 어렵지만 해결되면 반드시 입사하겠다"고 다짐하며 돌아갔고, 또 다른 후보자는 스스로 입사할 수 없는 상황에서도 지인을 소개하며 "이 회사라면 믿을 수 있다"고 말했다. 시간이 지나 그들은 실제로 회사의 중요한 구성원이 되어 조직 성장에 기여했다.
사업설명회는 결코 '시간 낭비'가 아니다. 장기적 조직 성장을 위한 필수 투자다. 후보자에게는 회사를 깊이 이해할 기회이며, 관리자에게는 자신과 회사의 철학을 온전히 전달할 절대적 기회임을 잊지 말아야 한다.

후보자 마음을 여는 첫 단계, 니즈 파악
리크루팅에서 가장 흔한 실수는 후보자의 니즈를 확인하기도

전에 회사의 장점을 나열하는 것이다. 이는 환자의 상태를 진단하지 않고 처방전을 쓰는 것과 같다.

대기업 임원 출신 C 지점장의 영입 과정은 니즈 파악의 중요성을 잘 보여준다. 그를 처음 만났을 때는 높은 수입과 빠른 승진 기회를 강조했다. 하지만 그의 반응은 차가웠다. 이미 상위 1% 연봉을 받고 있었기 때문이다.

전환점은 세 번째 만남에서 왔다. 왜 하필 지금 이직을 고민하는지 묻자 그는 한숨을 쉬며 말했다. "회사는 잘 나가지만 더 이상 성장이 없어요. 저는 더 높이 성장하고 싶은데 말이죠."

그제야 그의 진짜 니즈가 보였다. 그가 원하는 것은 더 많은 돈이 아니라 의미 있는 조직 구축과 성장이었다. 이후 미팅에서는 그의 리더십 경험과 노하우가 새로운 조직에서 어떻게 발휘될 수 있을지에 집중했다. 세 달의 공을 들인 끝에 그는 입사를 결정했다. 2년이 지난 지금, 그는 자신만의 조직 성장 프로그램을 개발해 성수와 시흥 2개 지사, 40명의 영업조직을 운영하고 있다.

신입 사원 C설계사에게는 전혀 다른 접근이 필요했다. 그녀의 가장 큰 고민은 '과연 내가 할 수 있을까'라는 두려움이었다. 이에 단계별 교육 프로그램과 실제 성공 사례를 중심으로 설명했다. 영업 경험이 전혀 없던 홍 팀장이 6개월 만에 월 1천만 원을 달성하고 1년 만에 팀장으로 승진한 이야기는 그녀의 불안을 해소하는 데 결정적인 역할을 했다.

올바른 질문을 통한 니즈 파악

후보자의 요구를 깊이 이해하기 위해 나는 항상 다음 세 가지 질문을 던진다.

"이직을 결심하게 된 이유는 무엇인가요?"

"가장 궁금한 부분은 무엇인가요?"

"이직을 결정하는 데 가장 중요한 기준은 무엇인가요?"

이 질문들은 겉보기에 비슷하지만, 다른 관점을 이끌어내는 강력한 도구다. 첫 번째 질문은 후보자의 기본적인 불만이나 동기를 탐색한다. 이는 현재 직장에서의 어려움과 변화 욕구를 이해하는 출발점이 된다. 두 번째 질문은 후보자가 가장 민감하게 생각하는 주제를 찾아낸다. 수수료, 교육, 성장, 워라밸 등 다양한 관점에서 구체적인 관심사를 파악할 수 있다. 세 번째 질문은 결정적 기준을 묻는 것이다. 이는 입사 여부를 최종적으로 좌우하는 기준을 명확히 해준다.

후보자의 니즈를 정확히 파악한 후에는 그들에게 맞는 맞춤형 정보를 제공해야 한다. 예를 들어, 수수료가 가장 중요하다고 답한 후보자에게는 회사의 경쟁력 있는 수수료 체계를 강조한다. 반면, 교육과 성장을 원한다면, 회사의 교육 프로그램과 경력개발 사례를 설명하며 그 비전을 제시한다. "우리 회사에서는 교육과 멘토링을 통해 경력 초기부터 철저히 성장할 수 있는 환경을 제공합니다. 실제로 이 시스템을 통해 성장한 리더들이 많습니다." 이러한 맞춤형 설명은 후보자의 감정을 건드리는 강력한 리크루팅 전략으로 작용한다.

리크루팅은 결코 운에 맡기는 게임이 아니다. 철저한 준비와 전략적인 접근이 필수적이다. 사업설명회를 통해 회사에 대한 체계적 신뢰를 쌓고, 후보자의 니즈를 정확히 파악하여 맞춤형 설명을 제공하는 것이야말로 리크루팅의 성공을 보장하는 핵심 원칙이다. "성공적인 리크루팅은 '나의 성과'가 아니라 '후보자의 필요'를 충족시키는 데서 시작된다."

강력한 개인 브랜딩 - 인재가 찾아오게 하라

리크루팅은 누군가를 설득하는 행위가 아니다. 리크루팅은 자신을 하나의 브랜드로 구축하고 자연스럽게 사람들이 '함께 하고 싶은 사람'으로 인식하도록 만드는 전략적 과정이다. 개인 브랜딩은 후보자에게 일방적으로 회사의 장점을 설명하는 것이 아니라, 후보자가 자발적으로 나를 찾아오게 만드는 자산이다.

리크루팅은 사람과 사람 사이의 관계에서 시작된다. 중요한 것은 후보자에게 '함께하고 싶은 사람'으로 각인되는 것이다. 회사의 브랜드가 아무리 강력해도 최종 결정의 기준은 관리자 개인이 주는 신뢰와 비전이다. 저 사람과 함께라면 내가 성장하겠다는 확신을 심어주는 것이 개인 브랜딩의 본질이다. 시스템과 보상을 설명하는 데 그치지 않고 관리자 스스로 성공의 모델이 되어야 한다. 리크루팅을 잘 이끄는 관리자는 회사의 대표가 아니라 자신이 곧 브랜드로 인식되며, 후보자에게 '따라가고 싶은 사람'으로 자리 잡는다.

개인 브랜딩을 위한 세 가지 핵심 전략

⑴ 전문성을 보여주는 콘텐츠 생성

후보자들은 직접 대화 전에 이미 온라인과 오프라인에서 관리자를 평가한다. 이처럼 가장 강력한 개인 브랜딩 도구는 콘텐츠다. 전문 지식과 성공 스토리를 영상과 글로 꾸준히 발신하라. 유튜브, 블로그, 인스타그램 등을 통해 비즈니스 운영 철학, 리더십 철학, 성공 사례, 조직 문화를 일상 속에서 드러내는 것이다. 리크루팅을 위한 유일한 무기는 바로 나 자신이다. 내가 콘텐츠다. 공식 강의와 세미나로 전문가 이미지를 쌓는 것도 좋다.

2) 소셜 프루프(Social Proof)

후보자는 관리자가 신뢰할 만한 사람인지 확인하고 싶어 한다. 팀원의 성공 사례, 수상, 추천리뷰, 언론 보도 등 외부 신뢰 요소를 제시하라. "우리 사업단은 지난 1년간 300% 성장했습니다." "제가 육성한 팀원들의 평균 연봉은 업계 상위권에 있습니다." "3년 전 입사했던 팀원 A는 영업 경험이 없었지만 현재 부지점장으로 승격해 월 1,500만 원 이상을 벌고 있습니다." 같은 데이터와 사례는 객관적 신뢰를 만든다.

(3) 진정성 있는 커뮤니케이션

리크루팅은 스펙 나열이 아니라 감정을 건드리는 스토리텔링이다. 진정성을 전달할 수 있는 가장 강력한 방법은 관리자의 성장 스토리와 비전 공유이다. 내가 시작했을 때의 어려움, 성공을 위해 극복해야 했던 시행착오, 결국 어떻게 변화하고 성장했는지를 구체적으로 들려주면 후보자는 자신의 미래를 그려볼 수 있다. 나도 저렇게 성장할 수 있겠다는 자기 동일시(Self Identification)가 일어날 때 강력한 동기가 만들어지는 것이다. 리크루팅은 성공담을 보여주는 데서 그치지 않고 후보자가 자신의 성공 스토리를 상상하게 돕는 일이다.

리크루팅은 관리자의 역할을 넘어 브랜드로 인식되는 리더가 되어 가는 과정이다. 회사 시스템이 아무리 훌륭해도 후보자가 함께하고 싶어 하는 대상은 신뢰할 수 있는 리더다. 개인 브랜딩은 후보자를 찾아 나서는 전략이 아니라 후보자가 찾아오게 만드는 시스템이다. 후보자의 마음을 먼저 사로잡아 자연스럽게 리크루팅이 이뤄지는 환경을 만들고 리크루팅 확률을 높이며 스스로 브랜드가 되는 리더로 성장하라.

리크루팅의 새로운 패러다임

리크루팅은 단순한 채용이 아니다. 조직의 가치와 비전을 나누고 후보자의 진짜 니즈를 이해하며, 지속적인 신뢰 관계를 구축하는 여정이다. 체계적인 사업설명회는 철학과 비전을 전달하는 첫걸음이고, 니즈 파악은 진정성 있는 가치 제안을 가능하게 한다. 강력한 개인 브랜딩은 수동적 채용에서 벗어나 자발적 지원이 일어나는 선순환을 만든다.

"리크루팅의 성공은 결국 신뢰의 문제입니다."
10년 차 C 본부장은 이렇게 말했다.
"아무리 좋은 조건을 제시해도 신뢰가 없으면 사람의 마음은 움직이지 않습니다. 반대로 신뢰가 있다면 당장의 조건이 부족해도 함께 성장하고 싶은 마음이 생깁니다."
결국 성공적인 리크루팅은 사람을 뽑는 일이 아니다. 함께 성장할 동반자를 찾는 과정이다. 이것은 단기적인 채용 성과를 넘어 장기적으로 조직의 문화와 가치를 만들어가는 핵심 과정이다.
앞서 살펴본 세 가지 전략은 이러한 진정성 있는 리크루팅을 실현하기 위한 실천 가이드다. 이 전략들을 꾸준히 실행하면 리크루팅은 단순한 채용 활동이 아니라 조직과 사람 모두를 성장시키는 강력한 시스템이 된다.

05
채널에서 결실까지: 지속 가능한 리크루팅 유입의 모든 것

다채널 유입의 힘

리크루팅 유입 모델은 많으면 많을수록 좋다. 모델이 다양해질수록 더 많은 잠재 후보자에게 접근할 수 있고 성공 확률도 높아진다. 어디서, 어떤 방식으로 인재가 유입될지 예측할 수 없기 때문에 가능한 다양한 채널을 구축하고 관리하는 것이 필수다.

여전히 SNS를 단순 노출 정도로만 생각해서 활용하지 않는 경우도 많다. 그러나 SNS를 비즈니스와 홍보를 위한 필수 도구로 인식하지 못하면 지금 같은 디지털 환경에서는 새로운 인재의 유입이 어렵다. SNS는 이제 플랫폼을 넘어 리크루팅에 핵심 연결고리이며 이를 활용하지 않으면 기회를 놓친다.

리크루팅 유입 모델은 인스타그램, 페이스북, 블로그, 카페,

유튜브, 전자책, 온라인 강의, 카카오 오픈채팅, 이메일, 광고 등으로 다양하다. 채널이 많을수록 후보자는 여러 경로를 통해 연결될 기회를 갖는다. 개정을 만드는 것만으로는 효과가 없다. 계정 보유와 계정 운영은 다르다. 실제로 유입이 작동하려면 꾸준한 콘텐츠 생성과 전략적 운영이 필요하다.

나의 경험에 따르면 후보자가 단일 채널만 보고 문의하는 경우는 드물다. 과거에는 정보가 적어서 한 개 채널만으로도 즉각 문의가 이어졌지만 지금은 여러 채널을 비교하고 충분히 확인한 뒤에 문의한다. 정보 채널이 많아진 만큼 후보자의 방문 전 비교 시간도 길어졌다. 따라서 유입 모델 역시 여러 채널을 통해 후보자가 접근할 수 있도록 다양하게 구축하는 것이 중요하다.

"처음에는 단순히 호기심으로 신 대표님의 인스타그램을 팔로우했어요. 일상적인 업무 모습과 열정적인 강의가 눈에 띄었죠. 그러다 프로필에 있는 블로그 링크를 눌러 더 많은 정보를 접했고, 결국 네이버 카페까지 가입하게 됐습니다. 3개월 동안 여러 채널을 통해 회사를 지켜보다가 직접 연락을 했어요." 2023년에 입사한 김00 팀장의 이야기다. 이 사례는 다

채널 유입 전략의 중요성을 보여준다. 최근 입사자 중 80% 이상이 최소 두 개 이상의 채널을 통해 회사 정보를 접한 후 지원을 결정했다는 데이터도 이를 뒷받침한다.

문의를 해 온 사람들 대부분이 "오래 지켜봤다", "자료를 통해 이미 확인했다", "처음 뵙지만 이미 알고 지낸 것 같다" 라고 말한다. 익숙함이란 바로 이런것이다. 나는 후보자를 모르지만 후보자는 다양한 유입채널을 통해 나를 이미 알고 있다. 후보자 관리는 밥을 먹고 차를 마시고 안부 전화를 하는 일이 아니라, 나를 24시간 알리고 노출하는 플랫폼 속에서 익숙해지게 만드는 것일지도 모른다.

유입 모델이 다양하고 안정적일수록 후보자에게 지속적인 신뢰와 확신을 줄 수 있다. 리크루팅 유입 모델을 통해 제공할 정보는 회사 소개에 그치면 안된다. 업계 동향, 수수료 구조, 교육 지원, 성장 기회, 영업 지원 등 후보자가 궁금해할 만한 정보를 구체적으로 제공해 우리 조직의 매력도를 높여야 한다. 결국, 리크루팅에서 중요한 것은 실력뿐 아니라 그 실력을 효과적으로 표현하고 전달하는 마케팅 능력이다.

인스타그램과 페이스북 - 마음을 여는 첫 순간

인스타그램과 페이스북은 시각적으로 강렬한 이미지를 남길 수 있는 채널로 잠재 후보자에게 우리 조직의 첫인상을 전달하는 창구다. 나는 특히 인스타그램을 중요한 유입 모델로 꼽는다. 인스타그램은 동종 업계 사람들과 자연스럽게 연결될 수 있는 최고의 수단이기 때문이다. 시각적으로 매력적인 콘텐츠를 통해 많은 잠재 후보자에게 좋은 인상을 남기고 비즈니스적 신뢰를 쌓을 수 있다.

A 지점장의 인스타그램은 단순한 홍보 채널이 아니라 한 편의 다큐멘터리다. 그녀는 매일 아침 오늘의 팀 모멘트 해시태그로 팀의 일상을 공유한다.
"우리 팀의 있는 그대로의 모습을 보여주고 싶었어요. 화려한 성과보다 그 뒤에 숨겨진 도전과 노력의 순간들이 더 가치 있다고 생각했거든요."
특히 신입의 성장일기 시리즈는 많은 사람들의 마음을 울렸다. 주인공 이OO 설계사는 27살 평범한 청년이었다. 대학에서 철학을 전공하고 독서실 총무로 일하던 그는 우연히 지점장의 인스타그램을 보고 인생의 전환점을 맞았다.

Day 1 - 첫 출근, 떨리는 마음으로
"정장을 입고 거울 앞에 섰는데 낯선 제 모습이 어색했어요. 과연 내가 할 수 있을까 걱정도 많았죠. 그래도 더 이상 도망치고 싶지 않았어요."

Day 15 - 연거푸 거절당한 날
"오늘도 5번 거절당했습니다. 퇴근길에 눈물이 났어요. 하지만 팀장님이 보내주신 문자 한 통이 저를 일으켰습니다. 지훈씨, 오늘 5명의 고객을 만난 것은 실패가 아니라 내일의 성공을 위한 10걸음입니다."

Day 45 - 첫 가망 고객 발굴
"한 달 반 만에 관심을 보이는 고객을 만났습니다. 설렘과 긴장감에 잠을 이루지 못했고 팀원들과 밤늦게까지 제안서를 준비했습니다."

Day 60 - 아쉬운 이별
"준비했던 고객이 계약을 거절했습니다. 이유는 제 부족한 전문성이었던 것 같아요. 그런데 팀장님은 오히려 축하해 주셨습니다. 이제 진짜 영업인의 길에 들어섰다고."

Day 75 - 새로운 깨달음
"성과에 집착하느라 고객의 이야기를 제대로 듣지 못했다는 걸 알았습니다. 이제는 판매가 아닌 상담에 집중하기로 했습니다."

Day 89 - 기적 같은 순간
"믿기지 않습니다. 첫 계약을 성사시켰어요. 그것도 처음 거절했던 그 고객분과요. 3개월 동안 매주 방문하며 진심으로 상담했더니 이번에는 고객분이 먼저 연락을 주셨습니다."
이 설계사의 90일 여정은 많은 예비 후보자들에게 희망이 되었다. 특히 마지막 게시글의 댓글란은 뜨거운 반응으로 가득했다.
"저도 31살인데, 늦은 건 아닐까 고민했어요. 00씨 이야기를 보면서 울었습니다."
"90일 기록이 한 편의 드라마 같아요. 저도 도전해보고 싶어졌습니다."
"실패해도 괜찮아, 다시 일어나면 돼. 이 메시지가 와닿네요."

현재 이00 설계사는 입사 1년 차로 신입사원 교육 멘토를 맡고 있다. 그의 성장일기는 여전히 회사에서 새로운 후보자들에게 공유되고 있다. A 지점장은 말한다.

"우리가 보여주고 싶었던 것은 화려한 성공 스토리가 아닙니다. 진정성 있는 도전과 성장의 과정, 그리고 그 과정을 함께하는 팀의 문화였죠. 그것이 사람들의 마음을 움직인 것 같습니다."

그럼에도 인스타그램만으로 입사를 결정하게 만들기에는 한계가 있다. 후보자들은 인스타그램에서 좋은 첫인상을 받더라도 더 깊이 있는 정보를 원할 때 다른 채널을 찾아본다. 이때 중요한 것이 다음 단계로 이어질 유입 모델이다. 첫인상에서 신뢰를 얻었다면, 블로그·유튜브·강의·설명회 등으로 자연스럽게 이동해 더 구체적인 정보를 접할 수 있도록 설계해야 한다.

블로그 - 성장의 교과서

인스타그램이 얼굴이라면 블로그와 카페는 조직의 문화와 깊이를 보여주는 공간이다. 블로그는 글과 사진을 결합해 조직의 비전과 철학을 보다 구체적으로 전달할 수 있는 채널이다. 인스타그램에서 흥미를 느낀 후보자가 블로그로 넘어와 더 깊은 내용을 접한다면 유입 모델의 두 번째 단계가 자연스럽게 완성된다. 블로그는 내가 하고 싶은 이야기를 체계적으로 정리하고 조직의 시스템과 가치관을 깊이 있게 보여줄 수 있는 최적의 장소다.

블로그 작성은 콘텐츠 생산을 넘어 조직의 시스템을 스스로 점검하고 정리하는 기회가 된다. 나는 이 유입모델 10가지를 만드는 코칭 프로그램을 1기부터 진행해 현재 4기까지 이어오고 있다. 당연히 블로그를 작성하는 시간도 포함된다. 한 수강생은 이렇게 말했다.

"배운 대로 블로그를 작성하다보니 그동안 보여주고 싶었던 내용들이 하나씩 정리가 됐습니다."

"처음에는 그저 일기처럼 시작했습니다. 15년 차 보험인으로서 겪은 일들을 기록하고 싶었을 뿐이었죠." OOO 본부장의 블로그로 리크루팅이 폭발적으로 일어날 때 많은 이들이 그의 마케팅 전략을 물었다. 하지만 그의 대답은 단순했다. "진정성 있는 이야기는 반드시 후보자를 만난다고 믿었습니다. 실패 극복기를 쓸 때마다 가슴이 떨립니다. 숨기고 싶은 과거지만, 누군가에게는 희망이 될 수 있다고 믿기 때문에 계속 씁니다." 그의 예상은 적중했다. 지난해 입사한 OOO팀장은 면접에서 이렇게 말했다.

"2년 전 이직을 고민하다가 우연히 본부장님의 블로그를 발견했습니다. 회사 소개와 입사 후 교육 프로그램까지 체계적인 시스템이 갖추어진 느낌을 받아서 이 회사라면 저도 성장할 수 있겠다는 확신이 들었습니다. 2년간 블로그를 구독하며 준비했고 드디어 오늘 이 자리에 앉게 되었습니다."

블로그는 단순한 채널이 아니다. 우리의 이야기이자, 우리가 함께 써 내려가는 성장의 기록이다.

네이버 카페 - 함께 성장하는 커뮤니티의 힘

카페는 단기적 노출 효과보다는 장기적으로 잠재 후보자를 체계적으로 관리할 수 있는 채널이다. 일종의 양식장처럼 후보자들이 머물며 필요할 때마다 다시 돌아올 수 있는 정보를 제공하는 공간이다. 이곳에는 영업 자료, 세일즈 강의, 교육 자료 등 다양한 콘텐츠가 축적된다. 채널 방문으로 끝나지 않고 다시 찾고 싶어지는 이유를 만들어 준다면 카페는 장기적으로 매우 중요한 자산이 된다. 리크루팅은 씨를 뿌리는 농부의 마음으로 지속적으로 꾸준히 관리 해야 성공할 수 있다.

유입 모델은 각각 따로 존재할 때보다 서로 유기적으로 연결될 때 가장 큰 효과를 낸다. 인스타그램에서 관심을 끌고, 블로그나 카페로 자연스럽게 이동하도록 유도해 더 깊고 많은 자료를 제공한다. 이렇게 단계적으로 신뢰를 쌓으면 최종적으로 리크루팅 문의로 이어질 가능성이 높아진다.

내가 천만설계사 카페를 만든 건 늦은 밤 한 통의 문자를 받고서였다.

"대표님, 오늘 상담하면서 이 자료만 있었으면 계약했을텐데 놓쳤어요. 이런 자료는 어디에서 구해요?" 신입사원의 문자였다. 그날 밤 나는 카페를 개설했다. 처음에는 지점원들을 위한 작은 공간이었다. 회원 수는 50명 남짓, 대부분 내 조직 식구들이였다. 그러나 변화는 예상보다 빨리 찾아왔다.

인스타를 통해 유입된 맴버들이 카페에서 활동을 하기 시작했고, 카페에 양질의 영업자료들이 많다는 이야기가 빠르게 퍼져 나갔고, 비슷한 고민을 가진 영업인들이 하나둘 카페에 모여들었다. 6개월 만에 회원 수는 3,000명을 넘어섰다. 카페의 중심은 영업자료였다. 현직 영업 관리자들이 자발적으로 자료를 공유했다.

"안녕하세요, 저는 34살에 영업을 시작한 늦깎이 신입입니다. 지금 시작해도 될까요?"
"두 아이를 키우는 워킹맘인데 영업과 육아를 병행할 수 있을까요?"
"일을 바꾸고 싶은데 너무 늦은 건 아닐까요?"
"사람 앞에 서는 게 힘든 사람인데 저도 이 일을 할 수 있을까요?"
"말주변이 없는데 말을 잘해야 하는 일이겠죠?"
이런 질문들에 자신의 경험을 바탕으로 진심 어린 조언을 건네며 커뮤니티가 확산되었다. 무엇보다 중요한 것은 지난해 회사에 입사한 설계사 중 꽤 많은 사람들이 카페를 통해 유입되었다는 사실이다. 이들은 이미 카페를 통해 회사의 문화를 경험했고 그 가치에 공감했기에 빠르게 적응할 수 있었다.
특히 감동적인 공간은 후기 및 감사 나눔 게시판이다.
이곳에는 멤버들이 그들을 도와준 멘토나 강사에 대한 감사 인사가 가득하다.

"처음 이 카페에 왔을 때, 저는 길을 잃은 초보 영업맨이었습니다. 하지만 이제는 당당히 말할 수 있습니다. 저도 영업의 신이 되어가고 있다고. 이 모든 변화는 우리 카페가 있었기에 가능했습니다."

전략적 노출 - 데이터를 활용한 리크루팅

OOO 지점장의 타깃 광고 전략은 리크루팅 채널 중에서도 특히 눈에 띄는 사례다. 그는 월 100만 원의 광고 예산으로 놀라운 성과를 만들었다.

"처음에는 무작정 광고를 집행했습니다. 하지만 리크루팅 광고 데이터를 분석하면서 영업인들이 많이 모여 있는 시간대와 지역을 발견했죠. 특히 평일 저녁 8시에서 10시, 주말 오후 시간대의 광고 효과가 가장 높았습니다."

광고의 형식도 남달랐다. 그는 "성공한 영업사원의 하루" 쇼츠 형식의 영상을 제작해 광고를 집행했다. 단순히 채용 정보를 나열하지 않고 실제 보험인들의 일상을 보여주며 회사 문화와 성장 스토리를 생생하게 전달했다.

"이 광고를 본 후보자들은 이미 회사 분위기를 어느 정도 알고 오기 때문에 첫 미팅부터 대화가 훨씬 자연스럽고 깊이 있는 수준에서 시작됩니다."

광고는 단순 노출을 넘어 후보자들이 회사를 '경험'하게 만드는 사전 체험의 장이 되었고, 이로 인해 리크루팅 성공률은 두 배 이상 높아졌다.

채널을 연결하면 전환율이 달라진다

이 전략은 단순한 채널 확산이 아니라 후보자의 관심을 단계적으로 깊게 만든다. 처음에는 가벼운 흥미에서 시작하지만, 블로그에서 스토리를 읽으며 감정이입이 생기고 카페에서 교육 자료와 실전 사례를 접하면서 실제로 합류를 고려하는 진지한 단계로 이동한다.

한 후보자는 이렇게 말했다.
"인스타그램에서 본 팀장님의 첫 계약 축하 사진이 인상적이었어요. 블로그에서 그 팀장의 3개월 여정을 읽으면서 크게 공감했고 카페에서 제공하는 교육 자료를 보며 이 회사라면 저도 성공할 수 있겠다는 확신이 들었죠."

이 전략은 후보자의 인지 → 공감 → 확신 → 행동으로 이어지는 완전한 여정을 설계했다는 점에서 의미가 크다. 이런 채널 간 시너지가 리크루팅 전환율을 높이는 강력한 무기가 된다.

파이프라인 자동화로 만드는 신뢰 여정

자동화된 리크루팅 파이프라인은 많은 관리자들이 벤치마킹하는 모델이다. 나는 각 채널을 하나의 연결된 여정으로 설계했다. "인스타그램 프로필에는 블로그로 연결되는 링크를 두고 블로그의 각 포스팅 말미에는 카페로 연결되는 버튼을 넣었다. 카페에서는 더 깊이 있는 정보를 원하는 사람들을 위해 무료 전자책을 제공하고, 이 과정에서 자연스럽게 연락처를 확보했다."

더 나아가 7일 이메일 코스를 설계할 수도 있다. 전자책을 다운로드한 사람에게 7일간 매일 다른 주제의 이메일을 자동으로 발송한다.

1일차: 업계 트렌드
2일차: 수수료 구조

3일차: 교육 시스템
4일차: 실제 성공 사례
5일차: 일과 삶의 균형
6일차: 리더십 성장 스토리
7일차: 상담 신청 링크 제공

이 과정은 단순한 홍보가 아니라 후보자가 회사와 관계를 맺고 신뢰를 쌓는 여정이다. 마지막 7일차 메일에 포함된 상담 신청 링크를 통해 자연스럽게 입사를 지원하게 된다. 이런 방식은 일반 광고보다 훨씬 높은 전환율을 만들어낸다.
"자동화는 사람의 온기를 대신하는 것이 아니라 후보자가 우리와 자연스럽게 관계를 맺도록 돕는 통로입니다."
이 시스템 덕분에 후보자와의 첫 미팅부터 깊이 있는 대화를 시작할 수 있고, 관리자는 리크루팅의 전략과 성장 설계에 더 많은 시간을 쓸 수 있게 됐다.

결실을 만드는 리크루팅 생태계

"10년 전, 저는 매일 전화기만 붙들고 있었습니다. 한 명이라도 더 만나기 위해 무작정 연락처를 수집하고 전화를 돌렸죠. 하지만 지금 돌아보면 그것은 마치 메마른 땅에 씨를 뿌리는 것과 같았습니다."

수많은 시행착오 끝에 리크루팅의 본질을 깨달았다. 진정한 리크루팅 유입 모델은 단순한 채널 구축이나 콘텐츠 생산을 넘어선다. 그것은 비옥한 땅을 일구는 농부의 마음가짐과 닮아 있다.

"농부는 결실의 계절만 기다리지 않습니다. 봄에는 씨를 뿌리고, 여름에는 땅을 가꾸며, 가을에는 수확을 하고, 겨울에는 다음 해를 준비하죠. 리크루팅도 마찬가지입니다."

성공적인 리크루팅 유입 모델은 자연스러운 생태계를 만드는 데서 시작된다. 인스타그램에서 시작된 관심이 블로그의 깊이 있는 콘텐츠로 이어지고, 다시 카페에서 실질적인 교류로 발전하는 과정은 씨앗이 싹을 틔우고 열매를 맺기까지의 여정을 닮았다.

"처음에는 조급했습니다. 당장의 성과에 집착했죠. 하지만 시간이 지날수록 깨달았습니다. 진정한 리크루팅의 힘은 신뢰를 쌓는 시간에서 나온다는 것을요. 우리가 정성껏 만든 콘텐츠는 때로는 몇 달, 때로는 몇 년이 지나야 결실을 맺기도 합니다."

마치 농부가 밭을 살피듯 각 채널의 반응을 분석하고 필요한 곳에 새로운 콘텐츠의 씨앗을 뿌린다. 효율을 위해 자동화 시스템을 활용하기도 하지만 그 과정에서 결코 진정성을 잃지 않으려 노력한다.

"리크루팅의 가장 큰 결실은 사실 숫자나 실적이 아닙니다. 제가 뿌린 콘텐츠로 누군가가 용기를 얻고, 새로운 도전을 시작하며 결국 그들이 다시 다른 이들에게 영감을 주는 선순환을 만들어내는 것. 그것이 진정한 리크루팅의 열매라고 생각합니다."

결국 성공적인 유입 모델은 단기적 성과가 아닌 지속 가능한 성장의 토대다. 한 그루의 나무가 아닌 풍성한 과수원을 일구는 일이다. 더디고 힘들어 보여도 꾸준히 가꾸고 돌보는 이들에게는 반드시 풍성한 결실이 찾아온다.

06
조직의 성장 단계와 리더십 진화의 상관 곡선

 필자는 입사 후 1년 4개월 만에 관리자로 승진했다. 지인을 리크루팅해 4명의 팀원과 함께 작은 팀을 꾸린 순간부터 조직의 성장 여정이 본격적으로 시작됐다. 영업 조직에서 팀원이 한 명이라도 생기면 그때부터 관리자의 역할이 시작된다. 이는 단순한 직책의 변화가 아니라 리더십과 매니지먼트 역량이 요구되는 중대한 전환점이다.

작은 팀에서 시작해 중형, 대형, 초대형 조직으로 성장하는 과정은 마치 아이가 성장하는 과정과 같다. 각 단계마다 필요한 양분과 돌봄이 다르듯 조직의 성장 단계별로 다른 관리 방식과 시스템이 요구된다. 관리자가 된다는 것은 단순히 직급이 올라가는 일이 아니다. 개인 플레이어에서 팀 리더로의 역할 전환이다. 많은 신임 관리자들이 이 시기에 어려움을 겪는다.

뛰어난 영업 실적을 냈던 경험이 관리자로서의 성공으로 자동 연결되지는 않기 때문이다.

실제로 뛰어난 개인성과를 내던 영업인이 관리자가 된 후 조직 운영에 실패하는 사례는 드물지 않다. 조직이 성장하려면 관리자 스스로 팀을 설계하고 운영할 수 있는 새로운 능력을 갖춰야 한다. 초대형 조직으로의 성장을 꿈꾼다면 소형 조직 단계부터 관리와 시스템을 정립해야 한다. 기본 체계 없이 인력을 계속 투입하는 것은 밑 빠진 독에 물 붓기와 같다.

여기서 말하는 시스템은 단순한 규칙이나 매뉴얼이 아니다. 조직의 지속적 성장을 가능하게 하는 체계적 운영 메커니즘 그 자체다. 이 토대가 마련되어야만 팀원 한 명의 합류가 조직의 성장으로 이어지고 결국 초대형 조직으로 확장될 수 있다.

소형 조직: 패밀리즘을 넘어서야 성장한다

소형 조직은 보통 4명에서 7명 정도의 팀원으로 시작한다. 이 시기의 가장 큰 특징은 패밀리즘(Familism)이다. 가족 같은 분위기와 끈끈한 관계가 조직을 단단하게 묶어준다. 지방 지사를 운영중인 OOO 지점장은 팀원을 6명 모집해 조직을 출범시켰다. 매주 토요일 아침 팀원들과 산행을 하며 팀 문화를 만들었다. 등산길에서 자연스럽게 업무 고민을 나누고 개인적인 이야기도 공유하면서 깊은 신뢰 관계가 형성됐다. 매일 아침 팀원들과 함께 식당에서 아침을 먹는 것도 그의 습관이었다.

이러한 접근은 초기에는 놀라운 효과를 냈다. 지점원들은 높은 소속감과 책임감을 가지고 일했고 서로를 위해 기꺼이 희생했다. 그 결과 첫 6개월 동안 최고의 실적을 달성했다.

하지만 시간이 지나면서 문제점이 나타났다. 너무 가까워진 관계 탓에 업무상 필요한 피드백을 주고받기 어려워졌다. 성과가 부진한 팀원에게 적절한 조치를 취하지 못하는 상황도 발생했다.

또 다른 소형 지사의 예시이다. '그곳은 가족'이라는 모토 아래 자유로운 분위기의 팀을 운영했다. 팀원들은 서로의 집들이에 참석하고 주말에도 자주 모였으며 경조사에도 빠짐없이 참석했다. 그러나 이런 친밀감은 업무 규율의 약화로 이어졌다. 출근 시간이 늦어지고 업무 시간에 사적인 대화가 늘었고 결국 실적이 감소하며 조직은 정체되기 시작했다.

또 다른 소형지사 OOO 지점장은 친밀감을 유지하려고 실적 부진자에게 필요한 피드백을 주지 못했다. '마치 내 동생이나 친구를 혼내야 하는 것 같아서 차마 말을 못 했다'는 그녀의 고백은 패밀리즘의 한계를 잘 보여준다.

패밀리즘은 초기에 팀을 단단히 묶어주는 힘이 된다. 그러나 감정에 치우친 의사결정, 과도한 사생활 존중으로 인한 효율성 저하, 책임 소재의 불명확성은 조직 성장을 가로막는다. 패밀리즘이 지나치면 필요한 변화와 혁신을 추진하기 어렵고 객관적인 성과 평가와 피드백도 불가능해진다.

중형 조직: 관리에서 경영으로

중형 조직으로의 전환은 가장 중요한 변곡점이다. 보통 10명에서 20명 규모가 되면 패밀리즘 중심의 운영은 한계에 다다른다. 이 시점에서 반드시 시스템 중심으로 전환해야 한다.

OOO 지점장은 이 전환을 성공적으로 해낸 사례다. 그는 팀원이 10명을 넘어서자 과감히 변화를 시도했다. 먼저 일과 시간 체계화부터 시작했다.

매일 아침 8시 30분 전체 조회

9시부터 30분간 그날의 활동 계획 공유

오후 5시, 하루 활동 결과 피드백

특히 주목할 점은 데일리 리포트 시스템 도입이다. 모든 팀원은 그날의 활동 내용, 고객 반응, 향후 계획을 간단한 템플릿에 작성해 제출했고 이는 다음 날 아침 미팅의 기초 자료로 활용됐다. 교육 시스템도 요일별로 정례화했다.

월요일: 상품 교육

수요일: 판매 스킬 훈련

금요일: 성공 사례 공유

이 정기 교육은 팀원들의 전문성을 높이고 조직의 방향성을 일관되게 유지하는 데 큰 도움이 됐다.

OOO 지점장이 가장 공을 들인 부분은 신규 입사자 교육 프로그램이었다. 그는 자신의 경험을 바탕으로 4주 과정의 프로그램을 개발했다.

1주차: 세일즈프로세스 7단계

가망고객 발굴, TA, 초회면담, 제안, 청약, 증권전달, 소개

2주차: 1:1 멘토 매칭, 현장 Joint Work

실전 상담 체험

3주차: 실전 영업 활동 시작

오전·오후 계획·결과 리뷰 필수

4주차: 첫 달 성과 종합 평가 및 향후 3개월 계획 수립

중형 조직 단계에서 시스템 도입은 선택이 아닌 필수다. 이 시기의 시스템 구축은 이후 대형 조직으로 성장하기 위한 가장 중요한 도약대가 된다.

대형 조직: 권한 위임 없이는 성장도 없다

대형 조직으로의 성장은 보통 30명 이상 규모에서 시작된다. 이 단계에서 반드시 마주하게 되는 과제가 있다. 바로 분할과 권한 위임이다. OOO 본부장은 이 과제를 성공적으로 해결한 사례다. 그는 50명 규모로 성장한 조직을 운영하며 조직을 분할하기로 결심한다. 이 분할은 단순히 사람을 나눈 것이 아니었다. 본부를 분할하면서 전략적 성장에 대한 목표를 수립한 것이다. 특히 분할 한 본부에 독립적 의사결정 권한을 부여했

다. 조직관리, 수수료율, 교육 영역까지 여러 의사결정을 분할한 조직에서 처리할 수 있도록 했다. 그 결과 팀원들의 업무 만족도도 크게 향상되었고 중간 관리자들의 리더십 역량이 급격히 성장했다. 이들이 성장한 덕분에 조직 전체의 성장 엔진이 강화됐다.

반대로 분할을 하지 않은 조직은 위기를 맞는다. F보험사의 OOO 지점장은 30명이 넘는 조직을 끝까지 혼자서 관리하려 했다. 본인이 직접 챙기는 것이 가장 확실하다고 믿었기 때문이다. 결과는 심각했다. 그 자신은 업무 과부하로 지쳐갔고 모든 결정이 지점장을 통해서만 이루어지면서 팀원들의 성장 기회가 차단됐다. 의사결정이 느려져 고객 서비스 만족도는 떨어졌고 핵심 인력들이 조직을 떠나기 시작했다. 결국 1년 만에 조직은 절반 규모로 축소됐다.

대형 조직 단계에서 분할과 권한 위임은 선택이 아니라 필수다. 권한을 주어 리더십을 키우는 과정이 조직 전체의 미래를 결정한다.

초대형 조직: 리더십의 진화가 조직의 미래를 결정한다

초대형 조직(50명 이상)으로 성장하는 과정에서 가장 중요한 것은 리더십의 진화다. 나는 소형조직에서 중형을 거쳐 대형으로, 다시 초대형 조직을 만들었다. 그 과정에서 나의 리더십 스타일은 세 번의 큰 변화를 겪었다.

소형 조직 시절: 직접 코칭·멘토링 중심

팀원 한 명 한 명의 영업 활동에 깊이 관여하며 실질적 가이드를 제공

중형 조직 단계: 시스템 관리자

체계적인 교육 시스템 구축, 성과 관리 프로세스 정립

대형 조직 단계: 전략적 리더

비전 제시와 전략 수립에 집중, 중간 관리자 육성에 전념

현재 초대형 조직의 리더로서 나의 주된 역할은 조직의 방향성을 제시하고 각 팀이 시너지를 내는 환경을 조성하는 일이다. 특히 리더십 파이프라인 시스템은 업계에서 주목할 만하다. 이 프로그램은 차세대 리더를 단계적으로 육성한다.

예비 관리자 과정, 신임 팀장 과정, 리더 양성 과정 등 각 단계별로 필요한 역량을 정의하고 교육·멘토링·실전 경험을 통해

성장 경로를 제공한다. 이 덕분에 조직은 확장 과정에서도 흔들림 없이 성장할 수 있었다.

조직은 리더의 그릇만큼 자란다

조직의 성장은 결코 자연스럽게 이뤄지지 않는다. 각 단계마다 새로운 과제가 등장하고 이를 극복하기 위한 치밀한 준비와 전략이 필요하다. 작은 항아리라도 물이 새지 않도록 해야 하듯, 소형 조직 단계에서부터 탄탄한 시스템을 구축해야 한다. 패밀리즘의 장점을 살리되, 그 한계를 명확히 인식하고 적절한 시점에 시스템 중심 관리로 전환해야 한다.

무엇보다 리더는 자신의 역할이 조직의 성장 단계에 따라 변화해야 함을 이해해야 한다. 개인 플레이어에서 시스템 관리자로, 다시 전략적 리더로의 진화는 선택이 아니라 필수다. 특히 중요한 것은 권한 위임과 조직 분할의 결단이다.

'관리자의 그릇이 조직의 크기를 결정한다.'

이 말은 단순히 관리 능력만이 아니라 환경 변화에 맞춰 자신의 역할을 재정의하고 성장할 수 있는 힘을 뜻한다. 이것이 바로 지속 가능한 조직 성장의 본질이다.

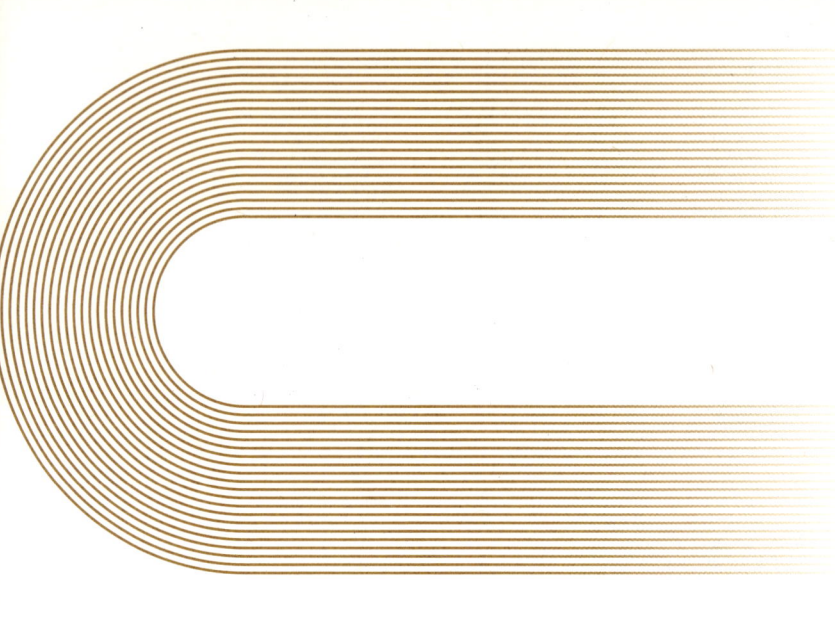

☐
■
☐

Ultimately,

It's the

System

3장

관리자의 본질: 사람·시스템·성과를 연결하다

01
전 세계 80억 중 단 하나 - 나만의 차별화

치열한 보험 시장에서 영업 관리자로 살아남기 위해서는 세 가지 핵심 요소를 반드시 충족해야 한다. 이 세 가지는 단순 생존을 넘어 시장 선도자로 서기 위한 기반이 된다.

첫 번째: 압도적인 존재감

압도적이라는 것은 경쟁자보다 조금 더 나은 수준을 말하지 않는다. 누구도 따라올 수 없는 탁월함을 갖추는 것이다. 나 역시 이 압도적인 존재감을 얻기 위해 수많은 시도와 노력을 거듭해 왔다. 결코 쉬운 일이 아니지만 시장에서 No.1이 되기 위해 반드시 필요한 과정이다.

압도적 존재감을 만들려면 경쟁자가 제공하지 못하는 가치, 차별화된 서비스, 지속적으로 쌓이는 독보적 성과, 이 세 가지를 꾸준히 구현해야 한다. 조직원들이 관리자를 선택하는 기준은 단순하다.

'이 사람이 내가 원하는 것을 이해하고 해결할 수 있는가?' 관리자는 팀원의 필요와 문제를 미리 읽고 각 상황에 맞춘 맞춤형 솔루션을 제공해야 한다.

정기적으로 상황을 점검하고 혼자 해결하기 어려운 문제에 새로운 해법을 제시한다면 그 관리자는 단순한 관리자가 아니라 조직원의 삶을 함께 책임지는 조력자가 된다.

관리자로서 전문성을 유지하는 것만으로는 부족하다. 최고 수준의 전문 지식을 끊임없이 갱신해야 한다. 깊이 있는 지식과 탁월한 실력을 바탕으로 조직원에게 가장 신뢰할 수 있는 정보를 제공해야 한다. 이를 위해서는 정기적 자기계발, 최신 업계 트렌드 학습, 경험을 정리하고 공유하는 습관, 이 세 가지가 필수다.

영업사원들은 최고의 전문가와 함께하고 싶어 한다.

'이 사람은 이 분야의 최고 전문가다.' 이 인식을 심어줄 수 있다면 그 관리자는 자연스럽게 시장을 압도하는 경쟁력을 갖추게 된다.

두 번째: 차별화의 끝은 나 자신이다

오늘날 시장에서는 단순히 새로운 것만으로는 부족하다. 새로움은 빠르게 복제되고 모든 것이 평준화된다. 진정한 차별화는 생생함과 신선함을 유지하는 데 있다. 그 신선함은 독자성에서 나온다. 전 세계 80억 인구 중에 나와 같은 사람은 단 한 명도 없다. 이 독자성을 바탕으로 개인 브랜딩을 구축하면 그 자체가 강력한 생존 전략이 된다.

영업 관리자에게 차별화란 수수료, 교육, 시스템을 넘어 누구도 흉내 낼 수 없는 나만의 브랜딩을 만드는 일이다. 내가 가진 강점을 부각하고 독자적인 스토리를 지속적으로 보여준다면 후보자들은 자연스럽게 나와 조직의 진정성을 느끼게 된다.

세 번째: 아무도 가지 않은 길, 내가 먼저 간다

압도적이지 않아도, 신선하지 않아도 괜찮다. 개척자가 되는 길은 누구에게나 열려 있다. 개척자는 시장을 새로운 방식으로 접근하고 아직 열리지 않은 문을 두드리는 사람이다. 개척자가 되기 위해 활용할 수 있는 전략은 세 가지다.

새로운 시장 발굴

경쟁이 덜한 지역, 아직 주목받지 못한 고객군을 찾아낸다.

새로운 방식 시도

기존과 다른 접근법, 새로운 세일즈 프로세스를 도입해 본다.

새로운 문화 만들기

조직 안에서 새로운 규칙, 새로운 일하는 문화를 정착시킨다.

개척자는 실패를 두려워하지 않는다. 시장의 첫 발자국을 남기는 사람만이 그 다음 사람들의 길잡이가 될 수 있다.

좁힐수록 강해진다

세분화 전략은 시장을 세밀하게 나누어 더 작은 틈새시장을 공략하는 전략이다. 예를 들어, 광진구에 잘 되는 스터디카페가 있다고 하자. 같은 지역에 또 다른 스터디카페를 연다고 해서 성공이 보장되지는 않는다. 이때 필요한 것이 바로 세분화다. 광진구를 다시 자양동, 구의동, 중곡동으로 나누고 더 나아가 특정 아파트 단지 주민을 타겟으로 정한다면 집객과 홍보는 훨씬 효과적일 수 있다.

세분화는 지역만이 아니라 전문 분야에서도 강력하다. 일반 정형외과 대신 교통사고 전문 정형외과, 디스크 전문 정형외과 이런 식으로 차별화하면 해당 문제를 가진 고객은 더 큰 신뢰를 가지고 선택한다. 세분화 전략은 결국 지역과 전문성을 좁혀 나감으로써 시장 안에서 나만의 독자적 위치를 만드는 것이다. 영업 관리자로 자신을 알리기 위해 가장 먼저 실행해야 할 전략 중 하나가 바로 이 세분화 전략이다.

조합하면 새로운 시장이 열린다

A + B = C 전략은 서로 다른 두 가지 요소를 결합해 새로운 개념을 만들어내는 전략이다. 예를 들어 헬스장에서 트레이너를 선택할 때, 단순히 몸이 좋은 트레이너(A)보다 몸도 좋고 다양한 자격증에 심리 멘탈 관리까지 가능한 트레이너(B)를 더 선호하게 된다.

이때 단순한 트레이닝이 아니라 트레이너 + 심리치료 = 멘탈 다이어트 라는 새로운 컨셉이 만들어지는 것이다.

나 역시 세일즈에 사업이라는 개념을 더해 '세일즈로 사업하기' 라는 새로운 컨셉을 만들었다. 세일즈는 단순한 판매가 아니라 사업의 영역으로 확장될 수 있다는 발상을 보여준 것이다. A + B = C 전략은 기존의 일에 새로운 아이디어를 결합하고 가치를 확장하며 나만의 독자적 포지션을 만든다. 지금 하고 있는 일에 어떤 요소를 더하면 완전히 새로운 결과를 만들 수 있을지 생각해 보고 실천해 보자.

플랫폼은 빨리 움직이는 자의 것

플랫폼 변화는 시장의 판도를 바꿀 수 있는 강력한 전환점이다. 한때 싸이월드가 모든 사람의 온라인 소통 창구였다. 네이트온, 다모임 같은 서비스도 그 시절의 주인공이었다. 하지만 카카오톡과 페이스북이 등장하면서 그 자리는 완전히 대체되었다. 코로나 시기에 유튜브가 폭발적으로 성장했듯 플랫폼 변화는 새로운 시장을 개척할 기회다. 새로운 플랫폼이 등장할 때는 세분화나 차별화보다 선점이 우선이다. 먼저 시작해 시장을 점유하는 것이 가장 강력한 전략이다. 고민할 필요 없이 참여하고 남들보다 빠르게 기회를 잡는 것, 그것이 성장의 핵심이다.

02
RTMM + M, 관리자의 공식

영업 관리자의 역할은 다섯 가지로 나뉜다.

R - Recruiting

T - Training

M - Management

M - Motivation

M - Marketing

이 다섯 가지가 모여 영업 관리자의 성공과 성장의 핵심 축을 이룬다.

첫 번째: Recruiting - 리크루팅

영업사원이 판매의 전문가라면 영업 관리자는 판매 전문가를 채용하고 이끄는 전문가여야 한다. 관리자가 되었다는 것은 곧 조직을 성장시킬 인재를 발굴하고 유입시키는 책임을 맡았다는 뜻이다. 영업에서 잘했던 사람이 관리자가 될 자격은 충분하다. 하지만 모든 성공한 영업사원이 성공한 관리자가 되는 것은 아니다.

나는 수많은 사례에서 영업에서 승승장구하던 사람들이 관리자로 전환한 뒤 무너지는 모습을 보았다. 이는 영업 성과와 관리 성과는 다르다는 것을 말해 준다. 그렇다고 영업 경험 없이 관리자로 성공하기란 더 어렵다. 영업 경험은 관리자에게 필수적인 기초다.

RTMMM에서 가장 중요한 것이 무엇인지 물으면 나는 단연코 'R'이라 말한다. Recruiting is Everything. 리크루팅이 전부다. 리크루팅이 되지 않으면 관리도, 교육도, 동기부여도 존재할 수 없다. 팀원이 있어야 팀장이 존재한다.

조직의 근간을 만드는 리크루팅에 집중하지 않으면 관리자의 역할 자체가 흔들린다. 많은 사람들이 리크루팅의 어려움 때문에 관리자의 자리를 포기한다. 그러나 리크루팅은 관리자의 핵심 역량이자 성장의 토대다. 직접 사람을 모으고 그 과정을 겪으며 얻은 리더십만이 오래간다.

두 번째: Training - 트레이닝

트레이닝은 곧 교육이다. 조직에 합류한 인재가 영업 현장에서 성공하도록 지속적이고 반복적인 교육을 제공하는 것, 이것이 관리자의 중요한 역할이다. 신입이든 경력이든 성장을 위해서는 계속 배워야 한다. 교육은 체계적이고 계획적으로 이뤄져야 하며 즉흥적인 교육은 참여도를 떨어뜨리고 조직의 성장을 오히려 저해할 수 있다.

따라서 관리자는 교육을 시스템화하고 일관성 있게 운영해야 한다. 모든 팀원이 동일한 기준과 흐름으로 교육을 받을 수 있어야 한다. 교육은 최고의 계몽이다. 사람을 성장시키고 변화를 일으키는 가장 강력한 도구가 교육이다. 신입 사원이 조직의 일원이 되어 자신의 역량을 최대로 발휘하도록 돕는 것, 이것이 관리자의 역할이며 그 길은 반복적인 트레이닝에서 시작된다.

세 번째: Management - 매니지먼트

매니지먼트는 조직을 유지하는 것을 넘어선다. 많은 관리자가 밥을 사주고 차를 마시는 것을 관리라고 착각하지만, 진정한 매니지먼트는 팀원이 최고의 성과를 내도록 환경을 조성하고 코칭하며 성장을 돕는 것이다.

트레이닝이 체계적인 교육 시스템이라면, 매니지먼트는 사람 중심의 코칭과 문화를 다루는 영역이다.

팀원의 상황과 개성을 고려해 유연하게 리더십을 발휘하고 필요한 자원을 지원하는 것이 관리자의 핵심 역할이다. 카페 매니저가 매장을 원활히 운영하는 것처럼 영업 관리자는 조직이 매끄럽게 돌아가도록 관리해야 한다. 그러나 거기에서 멈추지 않고 끊임없이 새로운 방향을 제시하고 변화를 주도하는 리더가 되어야 한다. 이 두 가지 역할이 균형을 이룰 때 조직은 비로소 지속적인 성장을 이룰 수 있다.

네 번째: Motivation - 동기부여

영업 조직의 90%는 분위기라고 할 만큼 동기부여는 조직 성공의 핵심이다. 잘 달리는 말에게는 채찍보다 당근이 효과적이다. 조직의 분위기를 북돋우고 팀원들에게 적절한 동기를 주는 관리자는 조직을 빠르게 성장시킨다. 동기부여는 적재적소와 타이밍이 중요하다. 필요한 순간에 보상과 자극을 제공해 팀원들이 더 큰 에너지로 일에 몰입하도록 돕는다. 동기부여는 금전적 보상에만 그치지 않는다. 팀원이 가치 있다고 느끼는 순간에 관심과 지지를 표현하는 것, 그것이 가장 강력한 동기부여다.

돈을 쓸 때는 쓰고, 티 나게 써야 한다. 많은 돈을 쓰라는 것이 아니라 적은 돈이라도 타이밍 맞춰 임팩트 있게 쓰는 것, 그것이 팀의 사기를 살리는 기술이다. 한두 푼 아끼다 중요한 순간을 놓치면 오히려 조직 분위기를 무너뜨릴 수 있다.

작년 11월, 우리 영업 가족 55명과 함께 태국 치앙마이로 떠났다. 회사에서 전세기를 마련해 준 덕분에 비행기 안에서부터 여행의 설렘이 가득했다. 첫날 도착하자마자 열린 행사에서 총 1억 원 상당의 경품 추첨이 진행됐다. 많은 기대 속에 참여했지만 아쉽게도 우리 조직에서는 당첨자가 나오지 않았다. 현장의 열기는 식었고 나 역시 그 냉랭한 기운을 온몸으로 느꼈다.

행사가 끝나자 나는 우리 조직의 55명을 모두 불러 모았다. 그 자리에서 1,100만 원 상당의 경품을 추가로 걸겠다고 선언했다. 그 순간 호텔 로비에 다시 함성이 울렸다. "신경열! 신경열!"을 외치는 목소리가 터져 나왔고 식었던 분위기는 다시 활활 타올랐다. 이 결정은 팀의 사기를 끌어올리고 분위기를 반전시키기에 완벽한 타이밍이었다. 이후 페스티벌 내내 우리 팀은 하나가 되어 끝까지 즐거운 시간을 보낼 수 있었다.

이 경험을 통해 다시 깨달았다. 동기부여는 단순한 보상이 아니다. 팀원의 사기를 북돋우고 팀워크를 강화하며 조직의 분위기를 결정짓는 핵심이다. 제때 주어지는 동기부여는 팀을 움직이는 강력한 에너지다.

예전에는 리크루팅, 트레이닝, 매니지먼트, 모티베이션 이 네 가지 능력만으로도 관리자의 역할은 충분했다. 하지만 이제는 이 네 가지로는 부족하다. 지금 시대의 관리자는 한 가지가 더 필요하다. 바로 마케팅이다. RTMM + M을 기억하자. 한 번 입으로 따라 해 보자. 알티엠엠엠.

이 다섯 가지가 관리자의 역할을 완성한다. 관리자로서 반드시 갖춰야 할 핵심 요소다. 매일 아침 이 다섯 가지를 떠올리고 스스로에게 주입해야 한다. 리크루팅 능력은 곧 마케팅 능력이다. 아무리 뛰어난 능력이 있어도 그 능력을 세상이 알아주지 않으면 아무 소용이 없다. 지금은 나를 적극적으로 알리는 시대다. 내가 어떤 사람인지 끊임없이 알리지 않으면 함께할 사람을 모으기 어렵다.

생각해 보라. 마케팅 능력이 부족한 기성 세대의 관리자들은 지금 어디에 있는가? 고향으로 내려가 식당을 차렸다는 이야기가 들려오기도 한다. 반면 내가 아는 2030 리더들은 각자의 영역에서 최상위 조직을 운영하며 성장하고 있다. 그들이 경영학을 전공했거나 MBA를 마친 전문가들인가? 아니다. 그들이 가진 무기는 누구보다도 뛰어난 마케팅 능력이다. 스스로를 알리고 자신의 역량을 세상에 보여줄 줄 아는 능력, 그것이 조직을 키우는 비결이다.

오늘날 중요한 것은 내가 누구인가보다 내가 누구인지를 세상에 알리는 능력이다. 삼고초려라는 고사성어를 떠올려 보라. 유비가 제갈량을 세 번 찾아가 그의 재능을 알아보고 모신 이야기다. 스스로를 적극적으로 알리지 않는 리더들에게 왜 마케팅을 하지 않느냐고 물으면 이렇게 말한다. "열심히 잘하고 있으면 알아서 사람들이 몰려와요." 마치 산속에 숨어 있어도 능력을 알아주는 유비가 나타날 거라고 믿는 것 같다. 하지만 당신이 제갈량이 아닌 이상 기다리지 말고 적극적으로 나를 알려야 한다. 스스로를 알리지 않으면 삼고초려는 없다.

마케팅은 결국 나를 알리는 행위다. 어떤 방식으로 알릴 것인가? 바로 퍼스널 브랜딩이다. 나 자신이 가장 가치 있는 상품이라는 생각으로 나를 상품화해야 한다. 나를 브랜딩하고 시장에서 예쁘게 포장해서 보여줘야 한다. 여기서 끝이 아니다. 브랜딩된 나를 광고라는 매체를 통해 세상에 적극적으로 알려야 한다.

이 다섯 가지 역할을 매일 아침 떠올려라. 반복하고 암기하듯 되새겨라. "알티엠엠엠, 알티엠엠엠." 관리자는 이 다섯 가지 역할을 반드시 하나씩 자기 것으로 만들어야 한다.

03
계획·피드백·성과가 살아 있는 매니지먼트

매니지먼트의 성공은 미팅의 특성을 이해하고 그에 맞는 전략을 세우는 데서 시작된다. 주간 미팅은 시간대 선정이 핵심이다. 월요일 아침이 가장 효과적이다. 한 주의 시작점에서 팀원들의 집중력이 가장 높기 때문이다. 미팅은 30분~1시간 이내로 끝내 집중도를 유지한다. 진행 순서는 다음과 같다.

지난주 성과 리뷰 → 좋은 사례를 공유하고 개선점 확인 → 이번 주 목표·실행 계획 설정, 개인이 아닌 팀 전체 시너지에 초점, 회사 정책·상품 동향 공유 → 팀의 시야 확장.

킥오프 미팅은 한 달의 큰 그림을 그리는 시간이다. 월간 교육 일정, 시상, 시책, 프로모션, 상품 비교 전략 등 중요한 정보와 새로운 이벤트를 공유한다. B 지점은 이 미팅을 공지가 아닌 테마별 전략 회의로 발전시켰다. 4월에는 '신규 시장 개척', 5월에는 '고객 관리 혁신'처럼 매월 핵심 주제를 정하고 한 달간 팀이 집중할 전략을 함께 세웠다. 이 방식은 팀원들에게 명확한 방향성을 제시하고 집중력을 높이는 데 효과적이었다.

월초 미팅은 실질적 행동 계획에 초점을 맞추는 것이 좋다. 목표 고객층을 정하고 상품별 접근 전략, 시간대별 활동 계획을 세밀하게 세운다. 특히 첫 주 활동은 한 달 성과를 좌우하므로 일일 단위까지 구체화해 두는 것이 도움이 된다.

월초 미팅의 핵심은 액션 플랜 작성이다. C지점은 월초 미팅에서 팀원별 15일 액션 플랜을 작성하게 했다. 플랜에는 목표 고객군, 상품 전략, 일일 컨택 계획까지 포함되며, 팀장과의 1:1 미팅으로 검토·보완이 이루어진다. 첫 15일 계획이 구체적일수록 월말 성과가 높다는 사실도 확인되었다.

성과 관리는 실적 집계에 그치지 않는다. 활동량, 청약률, 고객 만족도 등 여러 지표를 함께 관리해야 하고 이 데이터는 각 팀원을 위한 맞춤 코칭의 기초 자료가 된다.

팀의 사기를 높이는 시상 제도도 중요하다. 월말 실적뿐 아니라 프로세스 달성도, 고객 피드백, 팀워크 기여도 등을 함께 반영한 시상 체계를 만들면 동기부여 효과가 커진다.

리더십은 하나의 방식으로만 유지되지 않는다. 상황과 팀원의 성향에 맞춰 지시형, 코칭형, 지원형, 위임형을 적절히 섞어야 한다. 신입 사원과 경력자에게는 서로 다른 접근이 필요하다.

부천 지사의 실제 사례는 좋은 참고가 된다. 이 지사는 주간 미팅에 베스트 프랙티스 공유 세션을 도입했다. 매주 한 명의 팀원이 자신의 성공 사례를 자세히 발표하고, 팀 전체가 그 과정을 함께 분석하며 배웠다. 이 방식은 팀원들의 참여도를 높였고 실제 영업 성과도 크게 향상시켰다.

마지막으로 팀이 계속 성장할 수 있도록 학습 시스템을 마련해야 한다. 정기 교육, 세일즈 스킬 워크숍, 시장 트렌드, 세미나 등을 통해 팀원의 전문성을 높이고 교육은 현장에서 바로 쓸 수 있는 실용적 내용으로 채운다.

매니지먼트에서 가장 중요한 것은 시스템의 일관성이다. 많은 관리자들이 초기에는 열정적으로 미팅을 진행하지만, 시간이 지나면서 점차 형식적으로 변하거나 심지어 생략하기도

한다. 이런 변화는 조직의 방향성과 동기부여를 약화시키는 주요 원인이 된다. 각 미팅의 목적과 내용을 명확히 하고 꾸준히 발전시켜 나가는 것이 무엇보다 중요하다.

매니지먼트에서 빠질 수 없는 또 하나의 요소는 피드백 시스템이다. 정기 미팅 외에도 팀원들의 의견을 수시로 듣고 개선점을 찾는 과정이 필요하다. D 지점은 매주 금요일을 '피드백 데이'로 정해 팀원들이 자유롭게 의견을 제시할 수 있도록 했다. 덕분에 현장의 문제를 빠르게 발견하고 즉시 해결할 수 있었다.

특히 디지털 시대에 맞는 매니지먼트 혁신이 필요하다. 화상 회의 툴을 활용한 미팅, 모바일 앱을 통한 실시간 성과 관리, SNS를 통한 소통 강화 등 다양한 디지털 도구를 적극적으로 도입해야 한다.

E본부는 카카오 오픈톡방을 활용해 팀원의 활동 현황과 성과를 실시간으로 공유하고 즉각 피드백과 지원이 가능한 시스템을 만들었다. 덕분에 현장 문제를 빠르게 해결하고 성과 개선 속도를 높일 수 있었다. 결론적으로 효과적인 매니지먼트

는 체계적 미팅 운영, 구체적 실행 계획, 시속석 피드백과 개선, 디지털 혁신이 함께 작동할 때 완성된다. 이 네 가지가 유기적으로 맞물려 돌아갈 때 비로소 진정한 매니지먼트가 실현된다. 무엇보다 중요한 것은 이 시스템을 일관되게 유지하고 발전시켜 나가려는 관리자의 의지와 실행력이다.

04
싯플랜(Sit Plan)

싯플랜 관리의 본질: 결과보다 중요한 과정

싯플랜은 매일의 일정을 기록하고 관리하는 도구이자, 영업 활동에서 가장 중요한 관리 시스템 중 하나다. 영업에서의 성공은 우연이 아니라 계획된 일정과 체계적 실행에서 비롯된다. 싯플랜은 단순히 할 일을 적는 스케줄러가 아니라 비즈니스 목표 달성을 위한 전략적 도구다.

오늘날의 복잡한 비즈니스 환경에서 일정 관리의 체계화는 성과 창출의 핵심이다. 효율적인 싯플랜은 시간을 관리하고, 영업 활동을 구조화하며 매일의 행동을 목표와 연결한다. 이를 통해 개인과 팀 모두의 생산성이 높아지고 결과는 자연스럽게 따라온다.

싯플랜의 본질: 계획이 곧 성과다

영업인은 싯플랜 없이 움직이는 순간 목표 달성 가능성이 급격히 낮아진다. 계획 없는 하루는 바다 위를 떠다니는 돛 없는 배와 같다. 예를 들어 어떤 영업사원이 아침에 출근해 '오늘은 누구를 만나볼까?'라고 고민하는 것과, 전날 저녁에 이미 '내일 오전 10시 B고객 미팅, 오후 2시 C자영업자 제안, 오후 4시 D고객 계약 체결'이라는 구체적 일정을 세워둔 것은 전혀 다른 차원의 영업 활동이다. 실제 사례로 한 보험 설계사는 매주 금요일 오후를 다음 주 계획 수립에 할애했다. 그는 기존 고객 관리 30%, 신규 고객 발굴 40%, 계약 체결·행정 업무 20%, 돌발 상황 대비 10%라는 시간 배분 원칙을 세우고 철저히 지켰다. 그 결과 월 평균 계약 건수가 이전 대비 2.5배 증가했다.

싯플랜 점검: 구체적 행동이 성과를 만든다

성수지사는 매주 월요일 아침 전체 주간 미팅이 끝나면 지점별로 흩어져 영업사원들의 주간 싯플랜을 꼼꼼히 검토했다. 화요일 오전 10시 A고객 계약 상담, 수요일 오후 2시 B고객 방문 제안, 목요일 오전 11시 건설 현장 상담처럼 구체적 일정과 목적이 기록된 계획은 유지하고, 고객 발굴하기, 잠재 고객 미팅처럼 모호한 일정은 재작성하도록 했다. 그 결과 지사의 월평균 생산성이 꾸준히 증가했다.

관리자는 주간·월간·분기별 스케줄 점검 시스템을 도입해 팀원의 영업 활동 상태를 반드시 확인해야 한다. 스케줄이 비어 있는 팀원은 성과를 낼 수 없는 상태이며, 그들에게 성과 압박만 주는 것은 비생산적이다.

다음 주 스케줄이 기록되어 있는가?

팀원의 스케줄러에 다음 주 만날 고객 리스트가 없다면 성과는 기대할 수 없다. 스케줄이 비어 있는 팀원에게 계약을 묻는 것은 계획 없이 시험에서 100점을 요구하는 것과 같다. 계약은 활동의 결과이지 기적이 아니다. 영업팀 관리자는 성과를 묻기 전에 팀원의 과정과 일정을 먼저 점검해야 한다.

계약의 유무는 싯플랜만 봐도 알 수 있다. 스케줄이 채워진 팀원은 고객을 만날 계획이 있고 적극적으로 활동하고 있다. 반대로 일정이 비어 있다면 성과가 나오지 않는 것은 당연한 결과다. 관리자는 결과가 아니라 그 결과를 만드는 과정부터 점검해야 한다.

관리자가 스케줄 점검 시 확인해야 할 항목

* 주간·월간 목표 설정 여부: 계획된 영업 목표가 있는가
* 고객 미팅·상담 일정 여부: 만날 고객과 상담 계획이 기록되어 있는가
* 성과를 위한 구체적 활동: 상품 제안, 계약, 고객 관리 등 필수 활동이 포함되어 있는가?

계약 압박을 멈추고 코칭하라

한 보험회사의 지점장은 매주 팀 미팅에서 "이번 주 계약 몇 건 했나요?"라고 묻곤 했다. 그러나 이런 질문은 오히려 팀원들에게 부담을 주고 의욕을 떨어뜨렸다.

지점장으로 처음 부임한 OOO지점장은 접근 방식을 바꿨다.

"지난주 상담한 15명의 고객 중 보장이나 연금에 가장 관심을 보인 분은 누구였나요?"

"개인 고객 상담에서 가장 자주 나온 질문은 무엇이었나요?"

이처럼 구체적이고 열린 질문을 던지자 팀원들의 스트레스가

줄었고 성과는 오히려 눈에 띄게 개선되었다.

"계약 언제 해?"라는 압박을 멈춰라.

"가동 언제 해?" "왜 계약이 없지?" 같은 질문은 성과 압박만 가중시킬 뿐이다. 이는 관리자가 팀원의 성장과 문제 해결을 방치하는 것과 같다. 성과가 없는 이유는 활동이 없기 때문이고 활동이 없는 이유는 계획이 없기 때문이다.

관리자는 계약이라는 결과 중심 사고에서 벗어나 활동 관리라는 과정 중심 사고로 전환해야 한다. 결과는 관리자가 직접 통제할 수 없지만 과정과 스케줄은 지도와 지원을 통해 개선할 수 있다. 성과가 부족한 팀원이 있다면 먼저 그의 싯플랜을 점검하라. 스케줄러가 비어 있다면 함께 만날 고객을 찾는 것부터 시작하라. 스케줄이 채워지고 고객 만남이 반복되면 성과는 자연스럽게 따라온다. 관리자는 팀원이 결과에만 몰입하지 않고 과정을 중요하게 여기며 일정을 성실히 관리하도록 코칭해야 한다.

결과는 과정의 산물

관리자는 결과를 바라보는 자리가 아니라, 결과를 만들어가는 과정을 관리하는 자리다. 성과는 직접 통제할 수 없지만 과정은 충분히 관리할 수 있다. 부천지사의 OOO지점장은 매주 월요일 오후를 '싯플랜 데이'로 정해 팀원들과 다음 주 싯플랜을 함께 검토했다. 고객 방문 경로 최적화, 제안 자료 준비 상태 확인, 지원이 필요한 부분 점검 등 꼼꼼한 과정 관리로 팀 생산성이 크게 향상되었다.

결국 싯플랜이 비어 있다면 미래의 성과도 비어 있을 수밖에 없다. 이는 조언이 아니라 수많은 성공 조직이 입증한 진리다.

리더가 반드시 기억해야 할 3가지 원칙

* 과정을 점검하라: 결과가 나오지 않는 이유는 과정이 부족하기 때문이다. 스케줄 관리, 고객 미팅, 상담 과정 등 구체적 활동을 점검하라.
* 스케줄러를 활용하라: 주간·월간·분기별 싯플랜 점검 시스템을 만들고 정기적으로 관리·개선하라.
* 팀원의 성장을 지원하라: 성과를 강요하기보다 계약의 흐름을 만들어가는 과정을 지원하고 활동 역량을 강화하라.

미래의 성과는 현재의 스케줄에서 시작된다. 관리자가 주간 및 월간 싯플랜을 꼼꼼히 점검하면 팀원의 성과 예측이 가능하다. 스케줄을 확인하는 것만으로도 영업 상태와 생산성을 가늠할 수 있고, 문제가 있다면 즉시 코칭과 지원을 제공할 수 있다. 성과 없는 미래는 우연이 아니라 오늘의 계획 부재에서 시작된다. 영업 목표는 숫자를 정한다고 달성되지 않는다.

잘못된 목표: 이번 달 계약 10건 (막연한 기대)
올바른 목표: 이번 주 화·목 10시 고객 미팅 2건, 수·금 3시 신규 상담 3건 (구체적 일정 기반)

관리자는 목표와 스케줄이 현실적이고 달성 가능한지 객관적으로 검토해야 한다. 목표가 지나치게 높으면 조정하고, 스케줄이 비어 있다면 구체적 영업 계획을 함께 다시 세워야 한다. 팀원의 미래 성과는 스케줄에 기록된 활동의 양과 질로 예측 가능하다. 스케줄이 구체적으로 작성돼 있다면 관리자는 이를 기준으로 월간·분기별 성과를 예측하고 전략적 결정을 내릴 수 있다.

TIP: 관리자 체크리스트

* 주간·월간·분기별 스케줄 점검 주기를 정하라.
* 스케줄이 비어 있는 팀원에게 계획 수립을 지원하라.
* 성과가 아닌 과정 중심의 코칭과 피드백을 제공하라.
* 목표는 숫자가 아니라 구체적 스케줄과 활동 계획을 기반으로 설정하라.
* 팀원의 스케줄 관리를 통해 미래의 성과를 예측하고 대비하라.

성과는 계획과 실행의 결과다. 계획이 없으면 성과도 없다. 계약은 우연히 이뤄지지 않는다. 계획된 일정, 지속적 활동, 체계적 스케줄 관리가 성과를 결정한다. 팀원이 성과를 내지 못한다고 실망하거나 불평하기 전에 그들의 싯플랜부터 점검하라. 관리자는 결과를 바라보는 자리가 아니라 결과를 만드는 과정을 관리하는 자리다. 성과는 컨트롤할 수 없지만 과정은 관리자의 역할로 충분히 통제 가능하다. 팀원의 계획과 실행을 체계적으로 관리하는 리더십이 조직 성장과 성과를 극대화하는 열쇠다. 성과가 부족하다면 결과를 묻기 전에 과정을 점검하라. 싯플랜이 비어 있다면 미래의 성과도 비어 있을 수밖에 없다.

05
활동 관리: 피드백과 점검으로 완성되는 성과

활동 관리는 팀원의 일정을 확인하거나 점검하는 차원을 넘어선다. 세일즈 프로세스 7단계를 기반으로 팀원의 활동을 체계적으로 지원하고 성과를 관리하는 전략적 접근이다. 개별 미팅이나 계약 성사 여부만 확인하는 것이 아니라 성과로 이어지는 모든 과정과 활동을 면밀히 분석하고 개선점을 제시하는 데 목적이 있다. 이 과정을 통해 팀원은 세일즈 여정 전반에서 적절한 코칭과 지원을 받고 스스로 자신의 활동을 객관적으로 점검하며 성장할 수 있다.

생명보험사 출신 영업 관리자는 매주 수요일 오후를 활동 관리의 날로 정했다. 이 시간에 각 팀원의 주간 활동을 세일즈 프로세스 7단계별로 분석하고 구체적인 피드백을 제공했다.

"이번 주 AP 단계에서 고객의 니즈 파악이 조금 부족했던 것 같습니다. 다음 주에는 제가 동행해 고객의 숨은 니즈를 함께 찾아보는 것은 어떨까요?"

이렇게 구체적이고 실행 가능한 제안을 통해 팀원의 역량을 꾸준히 끌어올렸다. 팀원 A가 수요일 오후 5시 고객 홍길동과 미팅을 마쳤으나 계약에 실패했다고 하자. 관리자가 다음에 더 잘하면 된다는 위로만 건넨다면 동기 부여에는 도움이 될 수 있으나 문제 해결에는 기여하지 못한다. 이때 관리자는 팀원과 함께 세일즈 프로세스 전반을 점검해 실패 원인을 구체적으로 파악하고 개선 가능한 행동 계획을 세워야 한다.

많은 관리자는 팀원의 실적 부진을 자신의 감정대로 판단하거나 고객을 탓하는 데 그치곤 한다.

"그 고객은 원래 까다로운 사람이야, 계약이 안 나올 수밖에 없어."

"네가 잘했으면 계약됐을 텐데 왜 상담을 그렇게 했어?" 이런 비난 섞인 말은 팀원에게 도움이 되지 않고 오히려 의욕을 꺾는다. 관리자의 역할은 비난이 아니라 문제 해결의 대안을 제시하는 데 있다.

어느 손해보험 지점은 매일 아침 30분 활동 리뷰 미팅을 운영했다. 전날 고객 미팅에서 있었던 상황을 함께 분석하고 다음과 같은 질문으로 실무 역량을 끌어올렸다. 기존 고객이 보험료가 비싸다고 반응했을 때 어떤 질문으로 극복했는가?
가격 저항의 근거가 비용인지 위험 인식 부족인지 어떻게 구분했는가?
대안 제안 전 고객의 결정 기준을 어떻게 정리했는가?
다음 접점 예약을 어떤 문장으로 확보했는가? 구체적인 질문 중심의 리뷰는 원인을 행동으로 연결하게 한다. 결과는 바꿀 수 없지만 과정은 매일 개선할 수 있다.

세일즈 프로세스 7단계별 활동 관리

TA(Telephone Approach) 단계: 첫 약속이 성패를 좌우한다

TA 단계는 고객과의 첫 약속을 잡는 단계로 전체 영업 프로세스의 성패를 좌우한다. 신인 설계사 K씨의 사례가 이를 잘 보여준다. 지인을 만나기 위해 처음에는 "차 한잔 하자"는 식의 모호한 약속으로 만나려 했으나 결국 본론은 꺼내지도 못하고 그냥 돌아왔다. 그러나 접근 방식을 바꿔 "자동차 보험이

곧 만기야. 연령과 운전 경력에 따라 보험료를 절감할 수 있는데 그거 알아?"와 같이 구체적 목적과 가치를 전달했다. 그 결과 약속 성사율은 세 배 이상 증가했다.

초기 3개월 동안 많은 영업인이 이 단계에서 어려움을 겪는다. 지인에게 "차 한잔 하자"라고 만나자는 말을 꺼냈다가 보험 이야기를 하면 "이럴려고 만나자고 했어?"라는 반응을 들을까 두려워서 목적을 명확히 하지 못하는 경우가 많다. 그러나 경험이 쌓이면 대화를 자연스럽게 이끌어가는 능력이 향상되고, 상황에 맞는 유연한 접근이 가능해진다. 고객과의 첫 약속을 성사시키려면 네 가지가 필요하다.
고객의 현재 상황과 연결된 구체적 미팅 목적을 제시하고, 고객이 얻을 명확한 가치를 전달하며, 시간과 장소를 구체적으로 제안하고, 거절 상황에 대비한 대안을 미리 준비해야 한다.

#중요 체크포인트

목적을 명확히 전달했는가? (예: "보험 상담을 위해 뵙고 싶습니다.")
고객이 얻을 명확한 가치를 전달했는가?
고객이 미팅 약속을 수락했는가?

상담 목적을 숨겼거나 우회했는가? (예: "그냥 차 한잔 하자.")

AP(Approach Present) 단계: 대화를 통해 니즈를 설계하다

AP 단계는 단순한 정보 수집을 넘어 고객의 숨은 니즈를 발견하는 핵심 과정이다. 인천지사 L팀장은 팀원들을 위해 니즈 환기 시트를 제공했다. 이 워크시트는 고객의 현재 상황, 미래 목표, 우려 사항, 기대하는 솔루션을 체계적으로 파악할 수 있도록 구성되었다. 워크시트의 주요 질문은 다음과 같다.

현재 가장 걱정되는 재무적 리스크는 무엇인가요?

5년 후에는 어떤 재무적 상황이 되길 원하시나요?

그 목표 달성을 위해 현재 준비하고 계신 것이 있으신가요?

만약 예상치 못한 사고가 발생한다면 어떤 대비가 필요할까요?

이 워크시트를 활용한 팀원들의 자신감을 날로 늘어났다. 특히 신입 사원들은 체계적인 질문 가이드를 통해 고객과의 대화를 더 효과적으로 이끌 수 있게 되었다.

PT(Presentation) 단계: 선택을 이끌어내는 프레젠테이션

PT 단계는 고객의 니즈와 목표를 반영한 맞춤형 상품 제안의

핵심 단계다. 이 단계에서는 상품의 장점과 가치가 고객에게 명확하게 전달되어야 하며, 고객의 상황과 기대를 충분히 고려해 최적의 솔루션을 제시해야 한다. 고객이 무엇을 원하는지 정확히 이해하지 못한 상태에서 상품을 설명하는 것은 실패로 이어지기 쉽다. 손해보험사 출신 OOO 본부장은 항상 세 가지 옵션을 준비한다. 상품 제안 시 기본형(필수 보장) 대체로 저렴하다. 표준형(균형 보장), 프리미엄형(종합 보장)으로 구분해 제시하고, 각 옵션별 보장 내용과 보험료를 시각적으로 비교할 수 있는 자료를 준비한다. 마지막으로 고객의 상황에 맞춰 가장 적합한 옵션을 추천한다. PT 단계의 성공을 위한 핵심 전략은 다음과 같다.

시각화 도구 활용 - 그래프와 차트로 보장 내용을 명확히 보여준다.
실제 보상 사례 제시 - 유사 고객의 보험금 수령 사례를 공유한다.
맞춤형 시뮬레이션 - 고객의 실제 상황을 반영해 보장 수준을 분석한다.
비교 분석 자료 - 경쟁사 상품과의 차별점을 분명하게 제시한다.

PT 단계에서 관리자가 점검해야 할 사항

* 상품 이해도 확인: 팀원이 상품의 핵심 가치와 차별점을 명확히 설명할 수 있는가?

* 제안서 준비 상태: 고객 맞춤형 제안서가 충분히 준비되어 있는가? 구체적 자료나 시뮬레이션 결과가 포함되었는가?

* 커뮤니케이션 스킬 점검: 고객의 반응에 적절히 대응하고 질문과 참여를 유도할 수 있는가?

* 시각 자료 및 시뮬레이션 활용: 제안 내용을 시각적으로 보완할 준비가 되어 있는가?

PT 단계는 고객에게 맞춤형 솔루션을 제시하고 상품의 가치를 확신하게 만드는 결정적 순간이다. 고객의 니즈와 우선순위를 충분히 고려하고 가치를 체계적·시각적으로 설명할 수 있다면 신뢰는 자연스럽게 형성되고 계약으로 이어진다. 성공적인 제안은 고객이 원하는 미래를 선물하는 것이다. 가치 전달이 이루어지면 계약은 자연스럽게 따라온다.

#중요 체크포인트

상품을 충분히 이해하고 있는가?

고객 니즈에 부합하는 제안이 준비되었는가?
상품의 가치를 신뢰감 있게 설명했는가?

Closing 단계: 결정을 이끄는 순간
Closing 단계에서는 고객의 다양한 거절 상황에 적절히 대응하는 것이 핵심이다. 우수 설계사들의 실제 대응 사례가 좋은 참고가 된다.

"비싸요"
H 설계사는 월 보험료를 하루 금액으로 환산해 고객의 인식을 바꿨다.
"월 12만 원은 하루 커피 한 잔 값(4,000원)입니다. 이 금액으로 가족의 미래를 보장받을 수 있다면 어떠세요?" 이 접근은 가격에 대한 부담을 줄이고 상품의 가치를 설득했다.

대응 포인트
고객이 비용 부담을 느낀다면 가치 중심 접근이 필요하다.
비싸게 느껴지는 이유는 가치 인식이 부족하기 때문이다.
상품의 핵심 가치와 장기적 혜택을 다시 설명하라.

"이 상품은 비용이 아니라 미래의 안정과 가족을 위한 투자입니다."
비용 대비 혜택을 계산해 보여주는 방식이 효과적이다. (예: 월 10만 원 투자로 은퇴 준비 가능)

"다음에 할게요"
K 설계사는 고객이 '다음'이라고 말하면 즉시 달력을 꺼내 구체적 날짜를 잡는다.
"다음 주 화요일과 목요일 중 언제가 편하실까요?" 구체적 선택지를 제시해 결정을 미루는 상황을 방지했다.

대응 포인트

미루는 고객은 확신이 부족하거나 결정을 꺼리는 경우가 많다.
결정을 미루는 이유를 먼저 묻는다. (지금 결정을 내리기 어려운 이유가 무엇인가요?)
기회 상실 가능성을 알려준다.
"다음에 더 좋은 조건을 보장하기는 어렵습니다."
"남편과 상의해 볼게요"
P 관리자는 이 상황을 위해 3단계 접근법을 만들었다.
1단계: 남편 연락처를 받아 직접 설명 — "남편분 연락처를 알려주시면 제가 직접 설명드리겠습니다."

2단계: 주말 부부 동반 상담 제안 — "남편분과 함께하는 주말 상담도 가능합니다."

3단계: 당일 결정 시 특별 혜택 안내 — "오늘 결정하시면 특별한 혜택을 드릴 수 있습니다."

대응 방법

공동 의사결정자와의 협의가 필요하다면 양쪽의 의견을 동시에 들을 수 있는 방식으로 전환한다.

다음 미팅 약속을 즉시 잡는다: "남편과 상의하신 후, 다음 미팅 일정을 정해 주시면 더 구체적으로 설명드리겠습니다."

온라인·오프라인 상담을 제안해 함께 참여할 기회를 만든다.

관리자의 핵심 역할: 거절 관리와 대응 능력 점검

거절 상황에서 중요한 것은 팀원의 대응 스킬과 실질적 대처 능력이 충분히 준비되어 있는지 확인하는 일이다. 관리자는 구체적 피드백과 실전 코칭을 통해 팀원이 거절에 당황하지 않고 자신감 있게 응대할 수 있도록 돕는다.

거절은 상담의 끝이 아니라 새로운 상담의 시작점이 될 수 있다. 관리자는 팀원이 경험한 거절 상황을 하나씩 점검하고 대응 방식을 개선할 기회를 제공해야 한다. 이 과정을 통해 팀원은 관리자로부터 실질적 지원을 받고 있다는 신뢰감을 느끼며 점점 더 안정적으로 거절 상황을 처리할 수 있다.

정리하자면 활동 관리는 실적만 점검하는 일이 아니라 팀원의 성장을 돕는 종합 코칭 프로세스다. 세일즈 단계별 구체적 행동 지침과 실천 전략은 반드시 현장 경험과 연결되어야 한다. 이 과정을 통해 팀원은 실제로 성장하고 조직은 지속 가능한 성과를 창출한다.

관리자의 역할은 결과를 요구하는 것이 아니라 결과를 만들어가는 과정을 함께하는 것이다.

06
관리자가 무너지는 다섯 가지 순간

관리자들이 자주 범하는 실수를 다섯 가지로 정리했다. 15년 이상의 조직 관리와 리더십 경험을 통해 도출된 이 실수들은 조직의 성장을 저해하는 치명적 요소다. 물론 나의 경험과 주관이 담겨 있지만 수많은 성공과 실패 사례로 검증된 내용이다.

첫 번째. 사원을 사람이 아닌 숫자로 관리하는 치명적 실수

관리자가 사원을 숫자로만 바라보는 실수는 인적 자원을 단순히 수치로 축소하는 관리적 사고에서 비롯된다. 어느 지사의 관리자는 "올해 목표를 달성하려면 최소 10명은 더 뽑아야 합니다."라고 말했다. 이 말은 사람을 단순히 목표 달성을 위한 도구로만 보는 전형적인 사고방식이다.

이런 관점은 두 가지 측면에서 문제를 드러낸다.

여러 명 중 하나로 보는 관점: 사원을 조직의 하나의 구성 요소로 여기고 개별적인 가치를 간과하는 경우다. "OOO설계사 한명 나가도 새로운 사람 구하면 되죠."라는 태도는 구성원을 소모품처럼 대하는 순간이다. 이런 태도는 팀원들의 존재감을 약화시키고 조직에 대한 신뢰와 충성심을 잃게 만든다.

돈을 벌어오는 노동력으로 보는 관점: 사원을 수익 창출 수단으로 보는 것은 더욱 위험하다. "이번 달 실적이 안 나오니 2~3은 해촉시켜야야겠어요." 이런 말은 팀원의 가치를 매출로만 평가하고 성과가 저조한 사람은 대체 가능한 존재라는 잘못된 인식을 심어준다.

많은 관리자는 입사 권유 당시 이렇게 약속한다. "당신의 성장을 위해 최고의 지원을 아끼지 않겠습니다." "당신과 함께 조직을 크게 키워 나가겠습니다." "제가 책임지고 성공할 수 있도록 돕겠습니다." 그러나 시간이 지나 문제가 생기면 일부 관리자는 "성과 안 나오는 사람은 필요 없다." "이번 달까지 결과 없으면 다 자른다."와 같은 비인간적 표현을 서슴지 않는다. 이러한 행동은 조직 내에서 가장 큰 신뢰 파괴 요인이 된다. 팀원은 자신의 가치를 부정당했다는 느낌을 받으며 심리적 안정감과 소속감이 크게 흔들린다. 사원을 숫자로 보는 순간, 관리자는 단기적 수익에만 몰두하게 된다. 그러나 성공하는 관리자는 사람 중심 리더십을 발휘해 사원의 개별 가치와 잠재력을 존중한다. 조직 전체의 장기적 성장과 성공을 도모하며 이렇게 격려한다. "이번 달 목표는 달성하지 못했지만 각자의 노력과 성장 과정이 눈에 띄게 발전하고 있습니다. 이 과정이 쌓여 더 큰 성과로 이어질 것입니다."

리더는 결과보다 성장 과정, 성과보다 사람의 가치를 먼저 생각해야 한다. 사람을 숫자로 관리하면 조직은 기계처럼 멈추고 사람을 사람으로 관리하면 조직은 생명처럼 성장한다.

두 번째. 거짓말 - 관리자의 치명적 실수

채용을 위해 과장된 약속이나 거짓말을 하는 것은 관리자의 신뢰 자본을 스스로 갉아먹는 가장 큰 실수다. 최근 이직한 OOO설계사는 직전 회사에서 신입 직원 채용 시 "업계 최고 수준의 교육 시스템과 멘토링을 제공합니다."라고 약속했지만 실제로는 2시간짜리 기초 교육이 전부였다고 했다. 입사 초기에는 달콤한 말로 후보자를 유인할 수 있지만 입사 후 현실이 약속과 다르면 팀원은 깊은 배신감을 느낀다. 신뢰의 균열은 조직 전체로 빠르게 번지고 결국 리더십 붕괴로 이어진다. "수수료가 업계 최고입니다. 00% 지급하겠습니다."
만약 입사 후 실제로 받은 수수료가 약속보다 적다면 팀원은 더 이상 회사와 관리자를 믿지 않는다. 어느 보험설계사는 이렇게 말했다.
"입사 시 약속받은 수수료는 80%였는데 실제로는 60%만 받았어요. 이런 기만적인 태도 때문에 3개월 만에 퇴사했습니다."
나 역시 타사의 모든 수수료 체계를 알 수는 없다고 말한다. 그러나 자신이 약속한 조건은 반드시 지켜야 하며 문서로 명확히 남겨야 한다.

"다양한 영업 지원과 교육이 준비되어 있습니다."
이 말이 사실이 아니라면 팀원은 허위 광고에 속았다고 느낀다.
"입사 후 3개월 동안 상품 교육은 커녕 기본적인 고객 응대 방법도 배우지 못했어요." 이 신입사원의 증언은 구체적인 교육 커리큘럼의 필요성을 보여준다.

거짓말은 관리자의 가장 치명적인 리더십 결함이다. 한 번 잃은 신뢰는 회복이 극도로 어렵다. "처음에는 높은 수수료와 고객 발굴을 위한 데이터베이스를 약속받았지만 2년이 지나도록 아무것도 이행되지 않았어요. 이제 어떤 말도 믿을 수 없게 되었죠." 이 중간 관리자의 경험담처럼, 팀원은 관리자의 말과 행동을 의심하게 되고 조직에서 의욕을 잃는다. 거짓 약속의 결과는 명확하다.

사원의 동기 저하 - 관리자의 말을 믿지 않게 되면 도전 의욕과 열정은 사라지고 최소한의 노력만 하게 된다.
높은 이직률 - '입사 시 약속과 현실이 달랐다.'는 이유로 팀원이 빠르게 이탈하고 조직 안정성이 무너진다.

조직 내 불신 확산 - 떠나는 팀원의 부정적 경험이 공유되면서 "여기서 관리자가 하는 말은 다 거짓말이야."라는 인식이 퍼지고 조직 문화는 급격히 악화된다.

신뢰를 잃지 않는 관리자의 원칙 - 약속은 현실에 근거해 신중하게 관리자는 현실적으로 제공할 수 있는 혜택과 지원만 약속해야 한다. 입사 초기에 지킬 수 없는 약속을 남발하지 말고 구체적 기준을 제시해야 한다.

예상치 못한 상황 변화나 정책 변경이 생기더라도 솔직히 설명하고 대안을 제시해야 한다. "업체 공급망 문제로 이번달 공급이 어려워 약속드린 데이터베이스 지급이 1개월 연기될 것 같습니다. 대신 다음과 같은 대안을 준비했습니다." 와 같이 구체적 해결책을 함께 제시하는 것이 중요하다. 팀원들은 투명한 대응에서 오히려 안정감과 신뢰를 느낀다.

약속은 반드시 문서로 명시해야 한다. 구두 약속은 쉽게 잊히거나 왜곡된다. "수수료가 업계 최고입니다"라는 모호한 표현 대신 "월 보험료 실적 구간에 따라 00% 수수료를 지급하며, 이는 영업규정 00조에 명시되어 있습니다."처럼 문서화해야 한다. 중요한 조건과 혜택은 반드시 기록하고 서명을 받아 양측이 동등하게 책임을 질 수 있는 계약 문화를 만들어야 한다. 팀원이 떠나거나 성과가 나쁘다면 관리자는 먼저 스스로의 말을 지켰는지 점검해야 한다. 작년 한 해 10명의 퇴사자가 있었다면 그들에게 한 약속 중 몇 개를 지켰는지 돌아봐야 하는 것이다. 사람이나 환경 탓을 하기 전에 자신의 리더십을 되돌아보는 태도가 필요하다.

성공하는 관리자가 되기 위한 정직 리더십의 3가지 원칙

　　기대 관리 (Expectation Management)

과장된 기대를 조장하지 않고 팀원이 현실적이고 명확한 기대치를 가질 수 있도록 돕는다.

"우리 회사에서 1년 안에 억대 연봉을 받은 직원이 있습니다."라는 모호한 희망 대신 "지난해 우리 조직의 평균 실적과 상위 10% 실적을 공유하겠습니다."처럼 구체적 데이터를 제시해야 한다.

　　정직한 소통 (Transparent Communication)

좋은 소식뿐 아니라 어려운 상황까지 솔직하게 소통하는 리더가 신뢰와 존경을 얻는다.

"이번 달 실적이 저조한 것은 시장 상황 때문이 아니라 우리의 영업 전략에 문제가 있었기 때문입니다. 함께 개선 방안을 찾아보겠습니다." 이런 정직한 소통이 팀의 방향을 바꾸는 출발점이 된다.

결과보다 약속 이행 (Promise Fulfillment)

결과가 기대에 미치지 못해도 관리자가 한 약속을 끝까지 지키려는 태도는 팀원들의 충성심과 신뢰를 만든다. 나는 대형 조직을 만드는 과정에서 이 약속 이행의 원칙만큼은 손해를 감수하고서라도 지켰다. 3년 전 한 지점장과 "월 매출 00만 원 달성 시 000 지급"이라는 구두 약속을 했는데, 이후 상황과 환경이 바뀌고 달성 시점도 지났지만 결국 그 약속을 지켰다. 당시 계약 조건이 문서화되지 않은 상황에서 서로의 이해가 달랐다는 것을 나중에 알게 됐지만 상대의 해석대로 조건을 맞췄다. 이런 운영 방식을 잘 아는 사람들은 나를 이용하기도 했지만 그럼에도 약속 이행 원칙을 고수했고 이것이 결국 조직 성장의 밑거름이 되었다. 거짓말은 관리자의 성장과 조직 발전을 가장 빠르게 무너뜨리는 도구다. 입사 권유의 달콤한 거짓말은 단기적 성과를 낼 수는 있어도 장기적 조직 성장에는 독이 된다. "관리자는 말로 관리하지 않고, 신뢰로 관리한다. 신뢰는 거짓말 없는 진정성에서 시작된다."

세 번째. 척하지 말라

'척한다'는 것은 없는 것을 있는 것처럼 꾸미는 행동이다. 관리자가 잘나가는 척, 많이 버는 척, 조직이 큰 척을 하며 겉모습만 화려하게 포장하는 것은 결국 무너질 수밖에 없는 사상누각이다.

"저는 지난 달에만 월 수입 5천만 원을 벌었습니다."라며 수입을 과시하거나 "저는 보험업계에서 전국 1등 입니다."라는 검증 불가능한 주장은 전형적 사례다. 자기 과시와 허세는 조직의 신뢰를 무너뜨리고 관리자의 리더십을 공허하게 만든다.

고급 차, 명품 시계, 비싼 옷으로 자신을 치장하며 팀원들에게 "나처럼 성공할 수 있다."는 환상을 심는 행동은 오히려 역효과를 낸다. "이 시계는 지난달 실적으로 구매했어요. 여러분도 열심히 하면 금방 가질 수 있습니다." 이런 과시는 실적이나 조직 성장이 뒷받침되지 않으면 단순한 허세로 드러난다. SNS에서 과장된 성과를 만들어 홍보하거나 없는 것을 있는 것처럼 꾸미는 행동도 마찬가지다.

결국 팀원들의 비판과 조롱을 불러오고 조직 문화에 악영향을 미친다.

왜 척하는 관리자는 무너지는가? 관리자가 과장된 이미지를 만들면 처음에는 "대단하다."고 느낄 수 있다. 하지만 시간이 지나면 말과 행동의 불일치가 드러난다.

불신은 조직 전체로 퍼지고 냉소적인 분위기가 자리 잡는다. 끊임없이 있는 척을 해야 하는 관리자는 극심한 스트레스에 시달린다. 가면을 벗지 못한 채 스스로를 속이며 자기기만에 빠지고 결국 리더십의 지속 가능성이 크게 떨어진다. 리더십은 팀원의 성과와 신뢰를 기반으로 세워져야 한다. 그러나 척으로 만들어진 공허한 리더십은 위기 상황이 닥치면 조직을 지탱하지 못하고 무너질 수밖에 없다.

나는 "척" 대신 "포장"하라고 말한다. "척하지 말라"는 것은 아무것도 꾸미지 말라는 의미가 아니다. 포장은 있는 것을 더욱 아름답고 가치 있게 보여주는 일이다.

"이번달 우리 지점 청약 건수는 320건, 보험료는 1523만원, 지난달 대비 30% 상승했습니다." 이런 식의 실제 데이터 기반 긍정적 해석은 좋은 포장의 예다. 없는 것을 꾸며내는 척과는 본질적으로 다르다. 관리자가 실체 있는 성과와 장점을 포장하면 지점원과 고객에게 신뢰와 감동을 주는 리더십을 발휘할 수 있다.

조직의 성장 비전을 공유할 때는 구체적 근거와 현실적 계획을 함께 제시한다. "우리 본부는 6개월 내 10명의 신규 입사를 목표로 합니다. 현재 5명이 입사 대기 중이며, 2개의 신규 지사가 오픈 예정입니다." 이처럼 객관적 수치와 로드맵을 포함한 비전은 신뢰를 높인다.

팀원 개개인의 작은 성취도 존중하고 포장한다. "이번 달 목표는 달성하지 못했지만, 김 팀장은 하루 고객 미팅 3건을 2주 연속 달성했습니다." 이런 공로 인정과 포상은 팀 분위기를 끌어올리는 강력한 무기가 된다.

관리자는 가면을 벗고 진정성 있는 리더십을 발휘해야 한다. 사실에 기반한 실체 있는 포장을 통해 긍정적 인상과 신뢰를 심어주는 리더만이 위기 속에서도 조직을 지키고 성장시킬 수 있다. 실제 성공 사례를 보면 "우리 조직의 1년 정착률은 92.%에 육박한다. 신입사원의 90%가 1년 내 이탈하지 않고 조직에 정착한다는 것이다. 이런 검증 가능한 데이터로 포장한 메시지가 가장 효과적이었다.

진정성 없는 리더십은 허상이고 허상은 반드시 무너진다. 가식은 사라지지만 진정성은 남는다.

네 번째. 중간 관리자를 건너뛰지 말라

조직에서 중간 관리자의 역할은 매우 중요하다. 상위 관리자가 중간 관리자를 건너뛰고 팀원에게 직접 지시하거나 보고를 받는 것은 조직 구조를 무너뜨리는 위험한 행동이다.

"지점장님 모르게 제가 직접 지시했어요." 이런 월권은 중간 관리자의 권한을 약화시키고 팀원들이 상위 관리자에게 직접 보고하는 문화를 만들며, 결국 조직 내 혼란과 불신을 초래한다. 팀원들 역시 책임 소재를 회피하며 상위 관리자에게 직접 호소하는 일이 생길 수 있다.

"본부장님, 지점장님 모르게 말씀드리는 건데…" 이런 상황은 조직의 위계를 흔들고 업무 지시 체계를 꼬이게 만든다. 결과적으로 상위 관리자가 모든 업무를 직접 처리해야 하고 이는 업무 부담 증가와 조직 비효율로 이어진다. 결국 신뢰 기반 조직 문화가 무너지고 불만과 갈등이 커진다. 실제 업계 사례를 보면 상위 관리자가 일부러 중간 관리자를 배제하고 팀원과 직접 소통하며 리더십을 흔드는 경우가 있다.

"지점장이 일을 똑바로 안해서 많이 힘드시죠?" 이런 발언은 불신을 조장하고 중간 관리자를 고립시킨다. 그 빈틈으로 상위 관리자가 들어가 팀을 흡수하고 중간 관리자를 몰아내는 전략을 쓰기도 한다. 단기적으로는 조직을 확보한 것처럼 보일지 모르지만 이는 매우 어리석은 전략이다. 이런 소문을 들었다면 이미 업계에서 그 리더의의 평판은 무너졌다고 봐야 한다.

올바른 관리 방식: 중간 관리자를 신뢰하고 권한을 위임하라

조직이 유기적으로 성장하기 위해서는 상위 관리자가 중간 관리자를 신뢰하고 그들에게 실질적 권한을 부여해야 한다.
"본부장님께 전적인 신뢰를 드리고 있습니다. 모든 의사결정 권한을 가지고 조직을 이끌어주세요."
이런 명확한 권한 위임은 상위 관리자가 전략적 업무에 집중할 수 있게 하고 중간 관리자가 조직 운영과 팀 관리를 효율적으로 수행하도록 만든다. 실제로 내가 자주 활용한 사례가 있다. 상위 관리자가 팀장에게 작은 선물을 전하고 싶을 때 직접 전달하지 않고 중간 관리자를 통해 전달하는 방식이다.
"00본부장님, 제가 이 팀장님께 고마움을 전하고 싶은데 본부장님께서 제게 부탁한 것으로 해서 팀장님께 전해주세요. 본부장님이 직접 전달하면서 제 마음을 함께 전해주시길 바랍니다." 이런 접근은 다음과 같은 긍정적 효과를 만든다.

중간 관리자의 존재감 강화

상위 관리자가 중간 관리자를 인정하고 신뢰한다는 메시지를 준다.

권한 위임의 실질적 체험

중간 관리자가 직접 전달하면서 리더십의 역할을 체감한다.

팀의 신뢰 관계 강화

팀장은 상위 관리자뿐 아니라 중간 관리자에게도 존중받는다고 느낀다.

상위 관리자의 전략적 여유 확보

직접 개입하지 않고도 팀과의 관계를 관리할 수 있다.

중간 관리자의 권한 강화

팀장은 직접 상위 관리자에게서 받은 것이 아니라, 중간 관리자를 통해 전달된 선물을 받을 때 중간 관리자의 위치와 권한을 자연스럽게 존중하게 된다. "본부장님을 통해 대표님의 감사 인사와 선물을 전달받았습니다." 이런 소통 방식은 조직의 위계를 바로 세우는 데 도움을 준다.

조직 내 신뢰 구축

상위 관리자는 자신의 진심을 전하면서 동시에 중간 관리자를 신뢰한다는 메시지를 보낼 수 있다. "본부장님과 팀장님 덕분에 우리 조직이 성장하고 있습니다."

공로를 함께 인정하는 이런 태도는 팀원들에게 신뢰 기반의 소통 문화를 각인시킨다.

조직 문화의 긍정적 변화

작은 사례 하나가 조직 문화 전반에 상호 존중과 권한 위임의 문화를 형성한다. 팀원들은 중간 관리자를 인정하고 신뢰하며 조직은 탄탄하고 결속력 있는 구조로 성장한다. 중간 관리자를 존중하고 신뢰하는 태도는 조직의 수평적 구조와 팀워크를 강화하는데 핵심 원칙이다. 작은 지시나 사소한 요청일지라도 상위 관리자는 반드시 중간 관리자를 거치는 체계를 지켜야 한다. 중간 관리자를 신뢰하고 권한과 책임을 명확히 위임할 때 상위 관리자는 장기적 비전과 전략에 집중할 수 있다. 팀원들은 명확한 지휘 체계 속에서 효율적으로 일할 수 있고, 조직의 결속력은 신뢰에서 시작되어 권한 위임과 소통으로 더욱 강화된다.

다섯 번째. 뒷담화 - 신뢰의 무덤을 파는 자폭 행위

리더라면 입이 무거워야 한다.

"OOO 사원은 실적이 왜 그래?"

"아 OOO 사원 안보고 싶다. 같이 일 못하겠어."

이런 뒷담화를 하는 관리자는 자신의 신뢰와 리더십을 스스로 무너뜨리는 자폭을 하는 셈이다. 특히 팀원들과 함께하는 자리에서 뒷담화를 하는 것은 리더십을 근본부터 흔드는 가장 치명적인 실수다.

뒷담화가 조직에 미치는 파괴적 영향

뒷담화는 신뢰 관계를 무너뜨린다. "팀장님이 너 맨날 지각한다고 욕하던데…"

이런 비공식 발언은 돌고 돌아 결국 조직 전체로 퍼진다. 관리자의 뒷담화는 단순한 험담이 아니라 리더십에 대한 직접 공격이다. 뒷담화 대상이 된 팀원뿐 아니라 주변 팀원들까지 관리자의 도덕성과 신뢰를 의심하게 된다.

뒷담화는 조직 분열과 갈등을 유발한다. 뒷담화가 만연한 조직은 건강한 소통과 협력을 기대할 수 없다.

"다들 OOO사원 문제점 알고 계시죠?" 이런 소문이 조직 문화의 일부가 되면, 팀원들은 비생산적 대화에 에너지를 낭비하고 본질적 업무에 집중하지 못한다.

조직을 살리는 관리자의 대처법

업무상 불만과 어려움은 반드시 공식적인 자리에서 해결해야 한다.

"월례 회의에서 우리 팀이 직면한 문제점을 공유하고 해결 방안을 함께 모색하겠습니다." 이런 공식적 접근이 필요하다. 해결 방식은 반드시 회사가 마련한 공식 의사소통 채널을 통해 이뤄져야 한다. 팀 내 회의나 1:1 면담을 통해 건설적 피드백을 주고받는 것이 뒷담화를 예방하는 가장 좋은 방법이다.

리더는 항상 중립적 태도를 유지해야 한다. 특정 팀원이나 팀을 편애하거나 비난하는 뉘앙스를 드러내면 리더십의 권위가 무너진다. 개인적 스트레스와 불만은 조직 밖에서 해소해야 한다. 동료나 팀원 앞에서 불평을 터뜨리는 순간 관리자의 입지는 흔들린다.

"저 팀장은 왜 이렇게 일처리가 늦을까요?" 이런 말은 절대 삼가야 한다. 관리자는 개인적 감정이나 속마음을 팀원에게 털어놓는 실수를 해서는 안 된다. 팀원은 관리자가 약점을 노출

했다고 느끼고 신뢰 기반 리더십은 약화된다. 리더십은 신뢰에서 출발한다. 말을 다스리는 능력은 리더십의 핵심이다.
"이번 분기 성과가 저조한 것은 특정 개인의 문제가 아니라 우리 모두의 과제입니다."와 같이 관리자는 팀원에게 솔직하게 소통하되 공식적이고 건설적인 방식으로 접근해야 한다.

직책이 무거운 만큼 입도 무겁게 하라. 리더의 도덕적 기준은 조직 내 신뢰와 결속을 결정짓는 중요한 요인이다. 직책에 걸맞는 말과 행동을 자각하고 감정적 발언을 자제해야 한다.
뒷담화는 일시적 스트레스를 해소할 수 있지만 장기적으로는 조직의 결속력과 생산성을 갉아먹는 독이 된다. 뒷담화는 조직의 신뢰를 약화시키는 자폭 행위다. 리더는 불만을 해결하는 능력을 갖추고 팀원들 앞에서 언제나 신뢰받는 리더로 남아야 한다.
이 다섯 가지 실수를 피하고 깨어 있는 리더로서 팀원들에게 신뢰받는 관리자가 되어 정상에서 만나길 바란다.

07
영업사원들이 돈을 많이 벌어도 돈이 없는 이유

"대표님, 저는 정말 열심히 했고 이번 달도 2천만 원 넘게 벌었습니다. 그런데 이상하게도 통장에 남은 돈이 거의 없습니다." 나는 이런 이야기를 수도 없이 들어왔다. 심지어 매달 억대 수입을 기록하는 사람도 예외가 아니었다. 왜일까? 왜 그렇게 많이 벌고도 돈이 없을까?

이 질문은 단순한 이론이 아니다. 지금껏 5천 명 넘는 설계사를 만나고, 수천 명의 설계사와 함께 일하며 직접 경험하고 관찰해 얻어낸 리얼 패턴이다.

소비 기준의 덫: 한 번 오르면 내려오지 않는다

보험설계사의 수입 구조는 매우 독특하다. 누구나 진입은 쉽지만 일정 수준의 실적을 내기 시작하면 수입은 기하급수적으로 증가한다. 일반 직장처럼 매달 월급이 조금씩 오르는 구조가 아니라 한 달 만에 200만 원에서 2천만 원, 심지어 억대까지 치솟을 수 있다. 그래서 이 직업은 '꿈을 이룰 수 있는' 직업으로 불린다.

하지만 바로 그 지점에서 많은 설계사들이 첫 번째 금융적 실수를 한다. 수입이 갑자기 늘어나면 소비 기준도 함께 뛰어오른다. 다이소에서 장을 보고 중고차를 타던 사람이 어느 순간 백화점 VIP 라운지를 드나들고, 5성급 호텔에서 미팅을 잡고, 주말마다 골프장과 고급 한우 오마카세에 간다.

처음에는 "보상이 필요하니까." "이 정도 수입이면 이 정도 누려도 되잖아."라며 합리화한다. 일리는 있다. 누구보다 열심히 일했고, 누구보다 많은 거절을 버텼으니까. 그러나 잊지 말아야 한다. 그 수입은 고정이 아니다. 절대로 고정이 아니다. 보험영업의 본질은 성과에 따라 수입이 움직이는 변동 구조다. 이번 달 2천만 원을 벌었다고 다음 달에도 똑같이 벌 수 있다는 보장은 없다. 경기가 꺾이거나, 고객 심리가 변하거나, 리드가 줄어들거나, 건강이나 가족 이슈로 활동이 줄어드는 순간 수입은 바로 줄어든다.

문제는 소비 기준은 한 번 올라가면 좀처럼 내려오지 않는다는 것이다. 차, 집, 옷, 소비 습관 모두 2천만 원 수입에 맞춰 올려버리면, 월 1천이 되었을 때도 그대로 유지하려 하고 그때부터 위험한 불균형이 시작된다. 나는 한 조직원의 사례를 잊지 못한다. 그는 입사 1년 만에 연도대상 순위까지 오르고 월 3천만 원 가까운 수입을 올렸다. 그 자신감은 "이제 나는 성공했다."는 확신으로 바뀌었고 그에 맞는 삶의 방식을 선택했다. 외제차를 5년 할부로 뽑고 월세가 높은 오피스텔로 이사했다. 월 100만 원 넘는 골프 레슨을 받기 시작했다. 그러나 몇 달 뒤 영업 활동이 주춤하면서 수입은 반의 반으로 줄었다. 하지만 소비 기준은 전혀 줄지 않았다. 차량 리스료, 관리비, 할부금, 각종 회비가 그대로 나가고 카드 한도 초과가 반복되며 결국 대출까지 끌어왔다.

그는 결국 이렇게 말했다. "대표님… 이번 달 카드값이… 혹시 돈 좀 빌려주실 수 있나요…"

나는 조직원들에게 항상 이렇게 말한다. 소비 기준을 5년 뒤로 늦춰라. 소득이 올라도 최소 3년 이상은 소비 기준을 그대로 유지하라. 월 2천만 원 수입을 3년 연속 벌었을 때, 그때 가서 소비 기준을 올리는 것은 괜찮다. 하지만 단 한 달 수입에 소비를 맞추는 순간, 그것은 업그레이드가 아니라 고정비 시한폭탄이다. 자산을 남기는 사람과 늘 쫓기는 사람의 차이는 결국 소비 기준을 어떻게 다루느냐에서 시작된다.

수입은 들쭉날쭉, 지출은 고정 - 위기의 시작

이달에 잘 벌었다고 다음 달도 잘 벌 거라는 보장은 없다. 영업은 언제나 예측 불가한 성과 기반 구조다. 그런데 사람들은 반복해서 착각한다.

"나는 이제 자리를 잡았고 계속 이 정도는 벌 거야." 그렇게 차량을 리스하고, 사무실을 옮기고, 직원을 채용하며 고정비를 늘린다. 하지만 이 구조는 너무 쉽게 무너진다. 단 두 달만 실적이 빠져도 모든 것이 흔들린다. 리스료, 월세, 인건비, 각종 구독료가 빠져나가지만 통장에 남는 것은 없다. 신용카드로 돌리고 대출로 버티기 시작하면 그때부터는 영업이 아니라 생존을 위한 몸부림이 된다. 나는 그런 리더들을 수없이 보았다. 사무실을 넓힌 지 세 달 만에 정리하고 리스 차량을 반납

하며 "대표님, 너무 빨랐습니다." 하고 고개 숙이는 모습 말이다. 처음에는 투자라고 말하지만 곧 부담으로 바뀌고 그 부담은 압박이 된다. 수입은 들쭉날쭉인데 지출은 일정하다면 위기는 예고 없이 찾아온다.

고정비가 늘어난 조직은 유연성을 잃는다. 성장보다 유지만 신경 쓰고 영업보다 방어에 에너지를 쓴다. 그렇게 흐름은 막히고 조직은 무거워진다.

영업의 본질은 속도가 아니라 리듬이다. 리듬을 무시하고 전속력으로 달리면 체력은 고갈되고 페이스는 무너진다. 중요한 것은 수입의 크기가 아니라 '그 수입이 반복 가능한 구조인가?'이다. 월 1천을 안정적으로 벌 수 있는 구조가 없는 상태에서 월 2천에 맞춘 고정비를 감당하면 반드시 흔들린다. 안정 없이 확장하면 성장하지 않고 파산한다. 이것이 영업이라는 산업의 본질적 리스크이며 가장 자주 무너지는 함정이다.

소비를 투자로 착각한다

영업이라는 직업의 특성상 다양한 사람을 만나고 관계를 유지하며 신뢰를 쌓아야 한다는 명분은 충분히 이해된다. 문제는 그 명분이 어느 순간 지출의 정당화로 변질될 때다. 술자리를 잡으며 "이건 인맥 관리예요." 골프를 치며 "계약 연결될 겁니다." 고급 레스토랑에서 식사하며 "이 정도는 나를 위한 자기계발이죠." 나는 그럴 때마다 묻는다.

"그 활동이 실제로 계약으로 연결됐나요?" 돌아오는 대답은 흐릿한 미소뿐인 경우가 대부분이다. 이것이 현실이다.

투자는 의도가 아니라 결과로 증명된다. 아무리 고급스럽고 프로페셔널하게 포장했어도 돌아오는 구조를 만들지 못하면 그것은 투자일 수 없다. 단지 비싼 소비일 뿐이고 비즈니스 비용이라는 이름을 빌린 자기만족 혹은 과시일 뿐이다. 실제로 연 1억을 벌던 한 영업사원이 있었다. 그는 늘 "내가 여기까지 온 건 인간관계 덕분입니다."라고 말했다. 나는 그에게 "그 비용이 당신의 자산 구조에 어떤 영향을 미쳤습니까?"라고 물었다. 그는 잠시 침묵한 뒤 이렇게 말했다.

"사실… 통장에 남은 건 거의 없습니다." 결국 그는 열심히 '썼지만' 아무것도 쌓지 못했다.

관계는 계속 새로워졌지만 깊어지지 않았고 자기계발은 반복

됐지만 수익 구조로 연결되지 않았다.
그 이유는 단 하나, 지출의 목적이 축적이 아니라 연출이었기 때문이다.

이 업계에는 이런 사람들이 많다. 투자라는 이름으로 소비를 합리화하고 자기계발이라는 명분으로 과시적 지출을 이어간다. 그러나 진짜 투자라면 반드시 어떤 형태로든 돌아와야 한다. 계약, 소개, 브랜드 상승, 인지도 확대, 계약 유지율 등 측정 가능한 결과로 이어지지 않는다면 그것은 투자라 부를 수 없다. 그 지출은 단순한 비용, 더 정확히는 재무에 구멍을 내는 요소다. 문제는 이 과시형 소비가 중독성을 갖는다는 점이다. 한 번 높아진 소비 수준은 쉽게 낮추기 어렵고 고객이나 동료에게 보여준 라이프스타일, 리더로서의 자존심, 이미지 관리를 위해서라도 소비는 계속된다. 수입이 줄어도 소비는 줄지 않고 그때부터는 관계 관리가 아니라 신분 유지비가 된다.

소비는 습관이다. 그 습관은 무너질 때까지 유지된다. 나는 조직원들에게 종종 묻는다.
"지금 쓰는 돈, 정말 나에게 돌아올 구조가 있는가?"

이 질문에 단호히 '예'라고 말할 수 없다면 지금 그 소비는 투자가 아닌 착각일 가능성이 높다. 진짜 투자는 돌아오는 소비다. 나를 성장시키고 구조를 남기며 성과로 이어지는 지출만이 진정한 투자다. 그 외의 모든 소비는 언젠가 당신의 재무를 흔드는 발목이 될 것이다.

내 인생을 먼저 설계하지 않으면 설득력도 없다

보험설계사는 남의 인생을 설계하는 직업이다. 고객에게 은퇴 준비, 자녀 교육비, 내 집 마련, 노후 의료비까지 대비하라고 조언하고, 10년·20년 후의 경제적 상황을 예측하며 불확실성에 대비하자고 설득한다. 그런데 정작 본인의 인생은 어떻게 설계되어 있는가?

놀랍게도 수많은 설계사들이 자신의 미래는 전혀 준비하지 않았다. 비상금 계좌 하나 없이 매달 변동 수입에 휘둘리고 연금 하나 가입하지 않은 채 "언젠가 여유 생기면 준비하겠다."고 말한다. 자산 포트폴리오를 묻는 질문에는 "아직 시작하지 않았다."는 대답이 돌아온다. 더 놀라운 점은 이런 모습이 초보가 아니라 5년 차, 10년 차 고경력 설계사에게도 흔하다는 사실이다. 이유는 단순하다.

"나는 아직 준비할 단계가 아니다."
"지금은 고객부터 챙겨야 한다."
이런 자기합리화 속에서 본인의 재정 설계는 늘 후순위로 밀린다. 그러나 나는 단호하게 "설계사는 누구보다 먼저 자기 인생을 설계해야 한다."고 말한다.
당신의 인생이 준비되어 있어야 고객에게 "당신도 준비하셔야 합니다."라고 진정성 있게 말할 수 있다. 내 노후도 준비하지 않은 사람이 남의 은퇴를 이야기하는 건 모순이다. 보험은 단순히 상품을 파는 일이 아니다. 보험은 신뢰의 산업이다. 그 신뢰는 말이 아니라 삶의 태도에서 나온다. 고객은 설계사의 말을 듣기 전에 그 사람이 살아가는 방식에서 무의식적으로 신뢰를 느낀다. 당신이 실제로 연금을 준비하고 있다면 고객은 이렇게 생각한다.
"이 사람은 자기가 믿는 상품을 나에게 권하는구나."
자녀 교육비, 보장성 보험, 퇴직 후 플랜까지 직접 실천하고 있다면 당신의 조언은 단순한 지식이 아니라 증명된 경험이 된다.

내가 수년간 리더로 일하며 확신한 것이 있다. 말로 설득하는 리더보다 삶으로 증명하는 리더가 더 오래 남고 더 크게 성공한다는 사실이다. 실제로 안정적으로 성장하는 조직장들은 예외 없이 자신부터 철저히 재정 계획을 세운 사람들이었다. 연금, 펀드, 비상금, 주택 자산, 부채 관리까지 직접 경험하고 준비한 리더는 조직을 이끄는 힘이 훨씬 현실적이고 신뢰가 간다.

반대로 본인의 인생조차 정리되지 않은 리더는 위기 상황에서 흔들린다. 수입이 줄거나 시장이 바뀌면 누구보다 불안해하며 결정력이 떨어지고 그 불안은 팀원들에게 전염된다. 이 업은 결국 사람을 통해 사람에게 가는 산업이다. 그렇다면 가장 먼저 준비되어야 할 사람은 바로 설계사 자신이다.

나는 조직원들에게 종종 묻는다. "지금 내가 고객이라면 당신에게 내 은퇴를 맡기고 싶을까요?" 이 질문에 진심으로 "예"라고 대답할 수 있다면 이미 성공의 절반은 넘은 것이다. 이제 보험은 정보로 팔리는 시대가 아니다. 검색만 하면 누구나 정보를 비교할 수 있다. 그러나 신뢰는 검색되지 않는다. 그것은 오직 당신의 삶에서만 만들어진다. 결국 설계사의 가장 강력한 무기는 지식이 아니라 정돈된 삶의 구조다. 삶 자체가 메시지가 될 때 고객은 그 메시지를 읽고 당신을 선택한다.

현금 흐름을 잡아야 재무가 산다

"돈은 버는 것보다 쓰는 것이 중요하다." 이 말은 보험설계사에게 특히 절실하다. 보험영업은 수입이 고정되지 않은 산업이다. 월별·분기별 편차가 크고 성과에 따라 소득이 급등하거나 급감할 수 있다. 따라서 중요한 것은 '얼마를 벌었는가?'가 아니라 '그 돈이 어떻게 흘러가는가?'다. 현금 흐름을 관리하지 못하는 설계사는 통장에 돈이 있어도 늘 불안하다. 세금 납부일이 되면 허둥대고, 카드값에 고정비가 빠져나가고 나면 손에 쥔 것이 없다. 갑작스러운 지출에 대비할 수 없어 신용카드와 마이너스 통장에 의존한다. 돈은 잘 벌지만 삶은 불안정하고 자산은 쌓이지 않는다.

나는 설계사들에게 항상 말한다.
"수입보다 현금 흐름을 보라."
수입은 숫자지만 흐름은 구조다. 구조가 없으면 많은 수입도 사라지는 건 한순간이다. 수입이 일정하지 않다면 고정비를 줄여야 한다. 고정비는 조직의 발목을 잡는 족쇄다. 수입이 줄어들면 가장 먼저 발목을 조이는 것도 고정비다. 고정지출은 최소화하고 가변비는 유동적으로 설계해야 한다.

성과가 좋을 때 가변비를 늘릴 수 있도록 기준을 명확히 세워야 한다. 무엇보다 중요한 것은 목적별 자금 관리다. 생활비, 비상금, 마케팅 비용, 자기계발비, 투자 자금 등을 분리해 관리해야 한다. 단일 통장에 모든 수입과 지출을 섞어두면 흐름이 보이지 않는다. 흐름이 보이지 않으면 계획도, 통제도 불가능하다. 돈이 없어서 무너지는 것이 아니라 흐름을 모르고 쓰다가 언제 어디서 무엇이 빠져나갔는지도 모른 채 무너지는 것이다. 흐름 관리란 단순한 회계가 아니라 생존과 성장의 기준선을 그리는 작업이다.

영업은 확실히 많이 버는 직업이다. 그러나 남기지 못하면 오래갈 수 없다. 높은 소득은 절대적 안정감을 주지 못한다. 통장에 들어온 돈보다 중요한 것은 남는 구조를 만드는 것이다. 소득이 높다고 해서 경제적으로 자유로운 것이 아니다. 진정한 부자는 흐름을 통제하고, 가치를 따지고, 자신의 삶을 먼저 설계하는 사람이다. 오늘부터 스스로에게 질문하라.

지금 내 소비는 기준이 올라간 결과인가?

나는 수입을 착각하고 지출을 늘리고 있지 않은가?

이 지출은 진짜 투자인가?

내 미래는 고객만큼이나 설계되어 있는가?

나는 흐름을 통제하고 있는가?

이 질문에 '예'라고 대답할 수 있을 때 잘 버는 설계사를 넘어, 남기는 설계사 그리고 언젠가는 부를 설계하는 리더로 성장한다. 돈을 잘 버는 사람보다 돈을 잘 다루는 사람이 진짜 전문가다. 보험은 '준비'의 산업이다. 그렇다면 가장 먼저 준비해야 할 것은 당신의 현금 흐름표다.

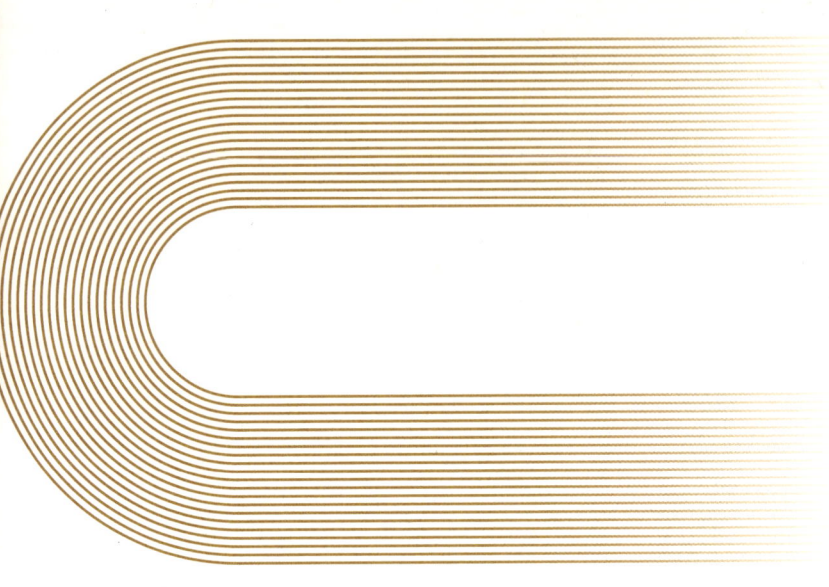

☐
■
☐

Ultimately,

It's the

System

4장

리더십과 문화가 결정한 조직의 미래

01
리더십의 진정한 의미: 임명이 아닌 쟁취의 여정

 리더십은 직위나 타이틀을 부여받았다고 자동으로 생기는 것이 아니다. 마치 장인이 도구를 다루며 기술을 연마하듯, 리더십도 시간과 노력을 투자해 얻어야 하는 가치다.
진정한 리더십은 구성원들과의 끊임없는 상호작용 속에서 쌓이는 신뢰와 존경을 통해 자연스럽게 쟁취된다. 오늘날 조직에서 리더와 관리자의 구분은 점점 흐려지고 있다. 그러나 차이는 분명하다. 관리자는 조직도 속의 '위치'지만, 리더는 구성원들의 마음속에 자리 잡는 존재다. 공식 직책이 없어도 자발적 지지와 신뢰를 얻은 비공식 리더가 더 큰 영향력을 발휘하는 이유도 여기에 있다.

리더십을 쟁취하기 위해 필요한 역량은 다양하다. 전문적인 업무 능력은 기본이며 효과적인 커뮤니케이션, 문제 해결력, 원활한 인간관계 운영 능력이 필수다. 이 역량들은 퍼즐 조각처럼 맞물려 완성된 리더십을 만든다.

실력과 노력으로 쟁취한 리더십은 직위로 얻은 권한과 비교할 수 없는 깊이와 영향력을 지닌다. 연구에 따르면 리더의 호감도와 신뢰도는 조직의 생산성과 혁신과 직접적으로 연결된다. 특히 불확실성이 높은 시대일수록 신뢰 기반의 리더십은 더욱 중요하다. 사람들은 직책 때문이 아니라 진정성과 전문성을 갖춘 리더를 기꺼이 따른다. 이것이 협력과 변화 관리의 핵심 동력이 된다.

리더십을 쟁취하는 과정은 비즈니스의 본질에 대한 깊은 이해를 요구한다. 뛰어난 영업 실적 덕분에 관리자가 되었지만 리더십을 제대로 쟁취하지 못해 방향을 잃는 경우는 흔하다. 아무리 좋은 배라도 항해사가 없으면 목적지에 도달할 수 없듯, 임명은 리더가 될 수 있는 기회를 제공할 뿐 진정한 리더십의 시작점에 불과하다.

개인 업무의 탁월함과 팀 리더십은 전혀 다른 역량이다. 영업 분야에서는 이 괴리가 더욱 두드러진다. 최고의 영업사원은 대개 독립적이고 경쟁적인 성향이 강하지만 훌륭한 리더는 협업을 이끌고 타인의 성장을 촉진하는 능력이 필요하다. 따라서 관리자가 되었다면 자신의 성공 패러다임을 근본적으로 재정의해야 한다. 이 점을 잘 보여주는 실제 사례가 있다.

지난해 지점장으로 위임된 OOO지점장은 조직 관리에서 큰 어려움을 겪었다. 매월 20건 이상 계약을 청약할 만큼 영업 능력이 뛰어났지만, 자신의 성공 방식을 팀원들에게 일방적으로 강요하고 의견은 거의 듣지 않았다. 결국 개인 역량은 탁월했으나 소통 부재로 팀 분위기가 빠르게 악화되었다. 그러나 이 지점장은 자신의 한계를 인정하고 변화하기로 결심했다.

매주 금요일 오후를 '팀원과의 대화 시간'으로 정해 한 명씩 만나기 시작했다. 처음에는 어색했지만 점차 팀원들의 고민과 아이디어를 깊이 이해하게 되었고 이를 바탕으로 팀 운영 방식을 하나씩 개선했다. 이후, 이 지점은 1년만에 8명에서 20명으로 성장하였다. 리더십이 임명이 아니라 끊임없는 노력과 성장의 결과로 쟁취되는 것임을 보여주는 대표적 사례다.

조직 내에서 쟁취한 리더십은 수평적이며 유기적인 특성을 지닌다. 마치 나무뿌리가 땅속 깊이 내려가듯 팀원들과의 긴밀한 상호작용과 신뢰 속에서 단단해진다. 반면 충분한 준비 없이 '낙하산'식으로 임명된 리더는 모래 위에 지은 집처럼 불안정하다. 조직의 신뢰를 얻지 못하고 결국 정체성과 권위의 혼란을 겪게 된다.

"높은 자리에는 큰 책임이 따른다"는 말은 리더십의 본질을 꿰뚫고 있다. 리더의 자리는 특권을 누리는 자리가 아니라 무거운 책임과 의무를 짊어지는 자리다. 이는 마치 등산가가 정상에 오르기 위해 무거운 장비를 지고 오르는 것과 같다. 리더로서의 역할과 책임을 깊이 이해하고 이를 감당할 준비가 되어 있지 않으면 그 리더십은 시련 앞에서 쉽게 무너질 수밖에 없다.

리더의 권한이 커질수록 책임의 무게와 범위도 확장된다. 결국 더 많은 제약 속에서 결정을 내려야 하는 상황에 직면한다. 특히 위기 상황에서 그 책임의 무게는 훨씬 더 커진다. 성공적인 리더들은 책임 지향적 사고를 갖추고 있다. 그들은 성공의 공은 팀에 돌리고 실패의 책임은 스스로 짊어진다. 이러한 태도야말로 역설적으로 더 큰 리더십 영향력을 만들어낸다.

임명은 끝이 아니라 새로운 시작점이다. 이는 마치 씨앗이 땅에 뿌려지는 순간과 같다. 그때부터 모든 에너지를 집중해 튼튼한 나무로 성장해야 한다. 자리에 걸맞은 인물로 성장하지 못한다면 그 리더는 폭풍 속의 나무처럼 흔들리다 결국 쓰러지고 만다. 이 시기를 어떻게 관리하느냐가 향후 성공을 좌우한다. 특히 새로운 리더 역할을 맡은 후 처음 90일이 가장 중요하다. 이 기간 동안 형성된 인식과 관계가 장기적인 리더십 효과성을 결정하기 때문이다.

성공적인 리더십 전환을 위해서는 빠른 성과를 만들어내는 것과 구성원들과의 신뢰 관계를 구축하는 것 사이에서 균형을 찾아야 한다. 성과에만 치중하면 관계가 소홀해지고 관계에만 집중하면 필요한 변화를 이끌어내지 못한다. 이 미묘한 균형을 잡는 것이 신임 리더의 첫 번째 과제다.

02
리더의 본질: 역할과 책임

 리더의 역할과 책임은 다면적이고 복합적이다. 단순히 업무를 관리하는 데 그치지 않고 조직의 비전을 제시하고, 전략을 수립하며 구성원의 성장을 이끌어야 한다. 그러나 많은 관리자들은 이 본질적 역할을 간과하고 표면적인 관리에만 치중한다. 이는 마치 나침반 없이 항해하는 것과 같아 결국 목적지 없는 표류로 이어진다.

현대 조직에서 리더들이 직면하는 가장 큰 위험은 '관리자의 함정'이다. 일상적 업무 관리와 단기적 문제 해결에 매몰되어 리더로서의 핵심 역할—비전 설정, 문화 조성, 인재 개발—을 소홀히 하게 되는 것이다. 실제로 리더들은 평균적으로 자신의 시간 중 50% 이상을 '긴급하지만 중요하지 않은' 업무에 쓰고 있다고 한다.

진정한 리더십은 '바쁨'이 아닌 '중요함'에 집중하는 데서 시작된다. 문제를 해결하는 관리자(problem solver)에서 방향을 제시하는 리더(direction setter)로 전환하는 것, 이것이 리더십 성장의 핵심이다.

특히 영업 조직에서는 매월 반복되는 마감의 압박 속에서도 새로운 도전과 성장의 기회를 만들어내야 한다. 리더가 단순히 실적 관리에만 매몰되어 있다면 팀원들의 장기적 성장과 발전은 기대하기 어렵다. 이는 마치 당장의 수확만 생각하다가 땅을 황폐화시키는 것과 같다. 리더들이 가장 흔히 빠지는 함정은 '숫자 중심 사고'다. 판매 목표와 성과 지표에만 집중하면 영업의 본질인 고객 가치 창출과 영업인의 역량 개발을 놓치게 된다. 고성과 영업 조직 연구에 따르면 장기적으로 우수한 성과를 내는 팀은 단순히 '숫자 관리'가 아닌 '역량 개발 중심'의 리더십을 보인다. 이들은 매월 실적 달성에 그치지 않고 영업인들의 기술, 지식, 태도를 체계적으로 성장시키는 데 초점을 맞춘다. 실제로 나 또한 역량 개발을 위한 교육에 많은 비용을 투자하고 있다. 원데이클래스, 비전세미나, 넥스트 리더 양성과정, 리더십, 팀빌딩과 같은 프로그램으로 전문 강사들을 정기적으로 초빙하고 있다.

리더란 단순히 위임된 직책을 수행하는 사람이 아니다. 리더는 조직의 방향을 정하고 그 비전을 현실로 만들어가는 책임을 지닌 존재다. 전략을 수립하고 팀원들이 능력을 발휘할 수 있는 환경을 조성하며 궁극적으로 조직의 성과를 만들어내는 사람이다. 그러나 현실에서는 '관리자'와 '리더'를 혼동하는 경우가 많다. 관리자라는 타이틀을 얻었지만 단순히 보고만 받고 결과만 챙기는 경우, 그때부터 문제가 시작된다. 전략이 없는 관리는 무의미하며 방향이 없는 조직은 결국 무너진다. 리더는 늘 스스로에게 물어야 한다.

'나는 지금 진짜 리더인가, 아니면 리더를 흉내 내는 관리자에 불과한가?'

리더십의 첫걸음: 전략 수립과 방향 제시

영업 조직은 매달이 마감이다. 성과는 압박으로 다가오고 팀원들은 한 달의 에너지를 전력 질주로 소진한다. 그런 팀원들에게 새로운 한 달이 시작되었을 때 가장 먼저 보여줘야 할 것은 명확한 전략과 방향성이다. 리더가 전날 늦게까지 술자리에 있다가 월초 출근조차 늦는다면? 전략 없이 그날그날 감으로 움직인다면? 팀원들은 불안해지고, 신뢰는 무너지며, 조직은 무기력에 빠진다.

리더는 단순한 동기부여자가 아니다. 팀원들의 상태를 파악하고 데이터를 기반으로 전략을 설계하며 각자의 역할에 맞는 목표를 명확히 제시해야 한다. 전략 없는 리더는 나침반 없는 선장과 같다. 파도는 거세고 목적지는 멀기만 한데 방향조차 모른다면 결국 팀은 침몰하고 만다.

리더의 영향력: 말과 행동의 무게

조직의 문화는 리더의 언행에서 시작된다. 리더가 정직하면 팀은 투명해지고 리더가 무책임하면 팀은 혼란스러워진다. 조직의 '공기'는 눈에 보이지 않지만 리더가 만들어내는 분위기는 모든 팀원의 감정과 성과에 직결된다. 혼자 일하는 영업사원이라면 작은 실수가 그냥 지나갈 수 있다. 하지만 팀원이 생기고 리더가 되면 그 작은 실수 하나가 팀 전체에 영향을 미친다.

회의에서의 말 한마디, 메신저의 태도, 외부 사람들과의 대화 방식까지 모두 중요하다.

리더의 가치관은 조직의 기준이 된다.
리더의 행동은 팀원들의 거울이 된다.
리더의 선택은 팀원들의 방향이 된다.

실제로 수많은 조직이 리더의 부도덕함으로 무너졌다. 작은 이익에 눈이 멀어 공정성을 잃거나 편애와 권위적인 언행으로 신뢰를 깨뜨린 경우는 흔하다. 리더는 공인이다. 사적인 행동조차 조직 전체의 명예와 연결된다는 사실을 잊어서는 안 된다.

리더의 행동과 가치관은 조직 문화의 근간을 형성한다. 리더는 거울과 같아서 그 모습이 그대로 조직에 비친다. 특히 윤리적·도덕적 기준은 리더에게 필수다. 개인 영업사원일 때는 문제되지 않았던 사소한 언행도 리더의 위치에서는 조직 전체에 영향을 준다. 조직행동학에서는 이를 '그림자 효과'라 부른다. 리더의 그림자는 생각보다 훨씬 멀리까지 퍼지고 팀 전체의 행동을 바꾼다. 작은 비윤리적 행동, 경비 부풀리기, 규정 무시 같은 것도 "이 정도는 괜찮다"는 신호로 전달된다. 실제 연구에 따르면 리더의 행동 패턴은 6~12개월 내 팀 전체로 복제된다. 이 복제 효과는 영업 조직에서 특히 강하게 나타난다. 성과 압박이 높을수록 리더의 행동은 강력한 모델이 된다. 리더는 자신의 모든 행동이 확성기를 통해 증폭된다는 사실을 늘 의식해야 한다.

역사적으로 많은 조직이 리더의 윤리적 결함으로 무너졌다. 속이 썩은 나무가 결국 쓰러지듯이, 윤리적 결함은 조직을 내부에서부터 무너뜨린다. 리더는 언행이 조직에 미치는 영향을 늘 인식하고 높은 윤리적 기준을 유지해야 한다. 윤리적 리더십은 도덕적 의무를 넘어 실질적 비즈니스 가치를 만든다. 연구에 따르면 윤리적 리더십이 강한 조직은 직원 이직률이 15% 낮고, 고객 충성도는 22% 높으며, 장기적 재무 성과도 더 뛰어나다.

밀레니얼 세대와 Z세대 인재들은 조직의 윤리적 가치에 민감하다. 윤리적 리더십은 이들에게 선택이 아닌 필수다. 영업 조직에서는 단기 성과 압박이 윤리적 판단을 흐리게 만들 때가 있다. 그러나 진정한 리더는 장기적 관점에서 올바른 결정을 내리고 필요하다면 단기적 희생도 감수한다.

리더십은 끊임없는 자기혁신과 성장의 여정이다. 성공한 리더들은 리더십이 고정된 위치가 아니라 지속적으로 확장되는 과정이라고 말한다. 진정한 리더십은 '자신의 진정한 모습을 찾아가는 여정이며 그 과정에서 다른 사람도 자신의 진정한 모습을 찾도록 돕는 것'이라는 이해에서 출발한다. "다른 이들을 이끌고 싶다면 먼저 자신을 이끌어야 한다." 자기 인식, 지속적 학습, 겸손한 성장 마인드셋이 진정한 리더십의 토대다. 직책에 안주하지 않고 영향력을 스스로 쟁취하는 리더가 되는 길은 쉽지 않다. 그러나 그 여정을 통해 우리는 직책을 넘어 진정한 리더로 성장할 수 있다.

리더의 자리에 선 모든 이들이 이 진리를 가슴 깊이 새기고 끊임없이 성장하려 노력할 때, 조직과 개인 모두 지속적으로 성장하고 성공할 수 있다.

결정의 용기: 리더십의 최종 시험대

리더십의 진정한 시험대는 어려운 결정을 내려야 할 순간이다. 그 결정 앞에서 누군가는 비난할 것이고 누군가는 이해하지 못할 수도 있다. 그러나 그 상황에서 가장 옳은 길을 선택하는 사람이 리더다. 많은 리더가 실수하는 지점은 '결정 그 자체'가 아니라 결정의 타이밍을 놓치는 것이다.

이른바 '골든타임'을 놓쳐 조직이 회복 불가능한 상태로 빠지는 경우도 많다. 불편한 진실을 회피하거나, 당장의 불만을 피하려 우유부단한 태도를 보이는 리더는 결국 더 큰 위기를 맞는다. 결단이 필요한 순간, 리더는 스스로에게 물어야 한다.

'이 결정이 조직의 비전을 향해 가는 길인가?'
'내가 손해 보더라도 팀이 이익을 얻는가?'
'지금이 그 결정을 내려야 할 최적의 타이밍인가?'

이 질문에 분명히 답할 수 있다면 리더로서의 진정한 무게를 감당할 준비가 된 것이다.

리더의 무게를 감당하는 자세

리더는 결국 희생을 선택하는 사람이다. 많은 이들이 리더의 자리를 권한과 특권의 자리로 생각하지만 진정한 리더는 책임과 부담을 먼저 떠안는 사람이다. 조직이 클수록 구성원이 많을수록 리더의 하루는 문제 해결의 연속이다. 갈등을 조정하고, 의견을 중재하며 방향을 제시해야 한다.

이 과정에서 리더는 자신을 희생할 수 있어야 한다. 때로는 조용히 양보하고 때로는 모든 비난을 홀로 감당하는 것, 그것이 진짜 리더다. 이러한 결단력과 희생정신이 조직을 존속 가능하게 만들고 미래로 나아가게 한다. 리더는 매일 성장해야 한다. 리더십은 하루아침에 완성되지 않는다. 매일의 실천, 매 순간의 선택 그리고 매 상황에서의 책임감이 리더를 만든다. 좋은 리더를 만나는 것은 행운이지만 좋은 리더가 되기로 선택하는 것은 의지다. 지금 이 글을 읽고 있는 당신은 이미 리더로서 첫 걸음을 내디뎠다.
이제 무게를 감당하고, 전략을 세우며 용기 있는 결정을 통해 진정한 리더로 거듭나야 한다.

당신의 리더십은 누군가의 미래를 결정짓는다. 오늘의 당신이 내일의 조직을 바꾼다. 리더로서의 무게를 온전히 감당하라. 그것이 바로 당신과 조직 모두를 성장시키는 진짜 힘이다.

03
10인 미만 독립지사의 한계와 성장통

매월 말이면 찾아오는 불면의 밤. 월세와 관리비 등 고정비를 맞추기 위해 새벽까지 엑셀 시트와 씨름한다.

독립 지사장이라는 타이틀은 화려해 보이지만 현실은 냉혹하다. 리크루팅 광고로 인한 마케팅 비용 청구서를 보며 한숨이 나온다. 지난달 세 명이나 퇴사했고 새로운 인재는 좀처럼 구하기 어렵다. 소규모 지사의 가장 큰 위기는 바로 이 악순환의 고리다. 규모가 작을수록 수익 변동성이 커지고 한 명의 이탈이 조직 전체에 미치는 충격은 더 커진다.

중소기업 인사 통계에 따르면 직원 한 명의 이탈은 재채용·교육 비용 같은 직접적 손실뿐 아니라 남은 직원들의 사기 저하, 생산성 감소라는 간접적 손실까지 고려하면 해당 직원 연봉의 1.5배에 달하는 손실을 가져온다. 아침 회의를 준비하며 텅 빈 자리들을 바라보는 마음이 무겁다.
"이번 주까지만 버텨보자." 그 말이 입에 붙어버렸다. 팀원들의 눈빛에는 불안과 회의감이 가득하다.
그들을 붙잡기 위해 더 높은 수수료를 제시하고 싶지만 그럴수록 지사 운영은 더욱 악화된다.

조직심리학에서는 이를 불안 전이라고 부른다. 리더의 불안은 구성원들에게 빠르게 전염되고 집단적 불안으로 확산된다. 그 결과 의사결정 능력이 떨어지고 위험을 피하려는 방어적 선택이 늘어난다. 가장 담대해야 할 시점에 가장 해서는 안 될 방어적 의사결정을 하게 되는 함정이다. 작은 조직일수록 이런 감정의 흐름이 성과에 더 직접적으로 영향을 미친다.
리크루팅 면접에서 "왜 이렇게 사무실이 조용한가요?" 라는 질문을 받을 때마다 가슴이 철렁 내려앉는다. 활기찬 분위기를 만들고 싶지만 현재 팀원들의 사기가 떨어져 있는 상황에서 새로운 인재를 설득하기란 쉽지 않다.
이는 임계질량 부족의 전형적인 사례다. 조직문화와 활력을 만들기 위해서는 일정 수준 이상의 인원과 에너지가 필요하다. 스타트업 연구에 따르면 새로운 문화가 자생적으로 유지

되기 위한 최소 인원은 8~12명이다. 내 경험으로 보면 독립지사의 경우 최소 20명의 조직 구성원이 필요하다. 이보다 적은 인원의 조직은 지속적인 리더의 에너지 투입 없이는 활력을 유지하기 어렵다. 소규모 지사의 역설은 여기에 있다. 활력 있는 문화가 인재 유치에 필수적이지만 그 활력을 만들기 위해 먼저 인재가 필요하다는 점이다.

퇴근 후 늦은 시간, 팀원의 메시지를 확인한다. "지점장님, 죄송합니다. 다음 달부터는…" 눈앞이 캄캄해진다. 또 한 명의 이탈이다. 내일 아침, 다른 팀원들에게 이 소식을 어떻게 전해야 할지 고민이 깊어진다. 인력 이탈의 충격은 단순한 업무 공백이 아니다. 리더로서 겪는 자기효능감의 하락은 이후 모든 의사결정에 그림자를 드리운다. 더 큰 문제는 소규모 조직에서 이탈이 도미노 효과를 일으킨다는 점이다.

독립했을 때의 자신감은 사라지고 이제는 매일이 버티기의 연속이다. 팀원들 앞에서는 강한 척하지만 퇴근 후 차 안에서 혼자 흘리는 눈물이 잦아진다. 이것이 바로 고립된 리더십의 전형이다.

리더십 연구에 따르면 소규모 조직의 리더들은 가장 많은 사람과 소통하면서도 가장 고립된 상태에 놓인다. 진솔한 감정을 표현하기 어렵고 불안과 두려움을 나눌 심리적 동료가 없다. 특히 팀원들의 사기를 위해 항상 긍정적이고 강인한 모습을 보여야 한다는 압박은 리더의 정신적 회복을 가로막는 가장 큰 장애물이다.

주말에도 쉬지 못하고 리크루팅 설명회를 준비한다. 그러나 참석자 대부분이 단순 취업 상담으로 끝나버리고 투자한 시간과 비용만 늘어난다. 밤늦게 집에 돌아와 내일의 전략을 고민하지만 뾰족한 수가 떠오르지 않는다. 대형 조직은 전담 채용팀과 시스템적 접근으로 후보자 한 명당 투입 비용을 최소화할 수 있다. 하지만 소규모 조직은 동일한 결과를 얻기 위해 훨씬 더 많은 리소스를 투입해야 한다.

현대 채용 시장에서 10명 미만 조직이 겪는 가장 큰 도전은 브랜드 인지도 부재다. 대형 조직이 주는 안정감과 커리어 경로의 명확성이 없기 때문에 단순히 더 많은 노력만으로는 극복하기 어려운 구조적 불리함이 존재한다. 지사장의 통장 잔고는 바닥을 향해 가고 개인 신용카드로 회사 운영비를 충당하는 일이 잦아진다. '이번 달만 버티면 좋아질 거야.' 스스로를 다독이지만 현실은 점점 더 어려워진다. 급여일이 다가올 때마다 가슴이 조여온다.

이것이 바로 소규모 비즈니스가 빠지기 쉬운 낙관적 편향의 함정이다. 개인 재정과 사업 재정의 경계가 무너지는 순간은 위험 신호다. 재무 전문가들은 이를 재정적 경계선 붕괴라고 부른다. 이 단계에 이르면 객관적 의사결정 능력이 크게 저하되고 더 큰 위험을 감수하는 선택을 하게 된다.

특히 힘든 것은 팀원들의 성장을 지원해주지 못하는 현실이다. 좋은 교육 프로그램이 있어도 비용 때문에 보내지 못하고 필요한 영업지원도 제때 해주지 못한다. 이런 상황이 지속되면서 팀원들의 실력은 정체되고 이는 또다시 실적 하락으로 이어진다. 가장 성장이 필요한 시점에 성장을 위한 투자가 가장 어려워지는 상황이다.

더 심각한 문제는 이러한 투자 부족이 단기적으로는 눈에 띄지 않지만 3~6개월의 시차를 두고 성과 하락으로 나타난다는 점이다. 마치 식물에 물을 주지 않았을 때 바로 시들지는 않지만 결국 회복하기 어려운 상태에 이르는 것과 같다. 탁월한 성과를 내던 팀원들도 자신의 성장 가능성이 제한된다고 느낄 때 이직을 고려하기 시작한다. "더 이상 출근이 힘들 것 같습니다." 마지막 남은 핵심 팀원의 이런 말을 들을 때면 그동안의 모든 노력이 물거품이 되는 듯한 좌절감이 밀려온다. 함께 꿈꾸었던 성장의 비전이 허상이었나 하는 자괴감에 빠진다.

변화 관리 전문가들에 따르면 소규모 조직에서 이상과 현실 사이의 괴리가 지속될 때 구성원들은 세 단계의 심리적 변화를 겪는다.
처음에는 현실을 부정하고, 다음으로는 분노와 좌절감을 느끼며, 마지막으로는 현실에 타협하거나 떠나는 결정을 내린다. 특히 가장 충성도 높은 팀원이 마지막으로 남아 이러한 말을 전할 때 그것은 단순한 개인적 결정이 아니라 조직의 현 상태에 대한 객관적 진단일 가능성이 높다. 이러한 현실적 고충 속에서 우리가 선택할 수 있는 길은 뭘까?
때로는 한 걸음 물러서서 큰 그림을 보는 것이 필요하다. 독립이라는 목표에 매달리다 보면 정작 더 큰 성장의 기회를 놓칠 수도 있다. 안정적인 시스템 안에서 경험을 쌓고 리더십을 단단히 다지며 필요한 역량과 자원을 차곡차곡 준비하는 것. 그것이 진정한 성장의 지름길일 수 있다.

모든 후퇴가 패배는 아니다. 때로는 더 큰 도약을 위한 준비 과정이 된다. 장기적으로 성공한 기업가들의 60% 이상이 경력 초기에 최소 한 번 이상의 '전략적 후퇴'를 경험했다는 통계는 이 사실을 잘 보여준다. 중요한 것은 이러한 결정을 '실패'가 아닌 '학습 과정'으로 받아들이는 마음가짐이다. 지금의 선택이 독립 그 자체가 아니라 '성공적인 사업가로서의 성장'이라는 더 큰 목표에 부합하는지 객관적으로 평가해야 할 시점이다.

성공한 리더들은 말한다.
"비전이 현실과 맞지 않는다면 비전이 아니라 현실을 바꿔라." 하지만 그 변화는 무모한 도전이 아닌 철저한 준비와 계획 속에서 이뤄져야 한다. 10인 미만 독립 지사의 한계는 단순한 의지로 돌파할 수 있는 문제가 아니다. 시스템 부재, 자원의 한계, 인재 확보의 어려움은 개인의 노력만으로는 해결되지 않는다. 경영 컨설턴트들은 소규모 조직의 성장 장벽은 세 단계에서 나타난다고 말한다.

5인—창업자가 직접 관리할 수 있는 한계

10인—전문 관리자의 필요성 증가

25인—체계적 시스템 구축의 임계점

각 단계를 돌파하려면 리더십 스타일의 변화와 운영 시스템의 근본적 혁신이 필요하다. 핵심은 '모든 것을 혼자 해결하는 영웅적 리더십'에서 '시스템과 팀을 통해 문제를 해결하는 구조적 리더십'으로 전환하는 것이다. 경영학의 대가들은 이렇게 말했다.

"가장 중요한 것은 일을 올바르게 하는 것이 아니라 올바른 일을 하는 것이다."

지금 우리에게 필요한 것은 독립이라는 목표를 맹목적으로 추구하는 것이 아니라 진정한 성장을 위한 현명한 선택일 것이다. 때로는 한 걸음 물러서는 것이 오히려 앞으로 나아가는 길이 된다. 그것이 우리가 이 모든 시행착오와 고통 속에서 배워야 할 진짜 교훈이다. 실패와 좌절의 경험은 나의 한계와 가능성을 더 깊이 이해하게 만든다. 그리고 그 이해는 더 현실적이고 지속 가능한 목표를 세우는 기반이 된다. 성공한 기업가들의 공통점은 초기의 실패를 '영구적 실패'가 아닌 '일시적 학습 경험'으로 재해석하는 능력이다.

현재의 어려움은 당신의 한계가 아니다. 그것은 더 큰 성공을 위한 준비 과정이다. 진정한 리더십은 어려움 속에서도 포기하지 않는 끈기와 필요할 때 과감히 방향을 전환할 수 있는 유연함에서 시작된다.

04
조직이 무너지는 이유와 성장을 위한 해법

조직의 실패는 흔히 비즈니스 역량 부족 때문이라고 생각하지만, 실제로는 관계에서의 실패가 조직을 무너뜨리는 주된 이유다. 비즈니스 문제는 개선과 보완이 가능하지만 관계에서 생긴 균열은 회복이 쉽지 않고 조직의 근본을 흔든다. 그래서 조직 운영에서 관계의 중요성을 강조하지 않을 수 없다. 그러나 나를 무조건 좋아하는 사람들로만 조직을 채우는 것은 불가능하다. 관계는 노력으로 유지된다. 서로 다른 배경과 성향을 가진 사람들이 모이기 때문에 관계가 어렵게 느껴지는 것은 당연하다. 중요한 것은 그 관계를 다듬고 지켜내려는 지속적인 노력이다.

또한, 나보다 부족한 사람들로 조직을 구성해 관계를 쉽게 만드는 것은 결국 성장의 한계를 만든다. 관계에서 불편함이 생기는 이유는 대개 나보다 뛰어나거나 더 많은 것을 아는 사람이 등장했을 때다. 이런 사람을 경쟁자로 여기고 성장의 발목을 잡는다면 그 순간 성장은 멈춘다. 오히려 나보다 잘난 사람이 많을수록 조직은 더욱 강해진다. 이들의 역량을 최대한 발휘하도록 돕는 것이 리더의 역할이다.

리더는 상대의 크기를 줄이는 사람이 아니라 자신의 그릇을 키우는 사람이다. 조직을 성장시키려면 다양한 인재들이 모여야 한다. 나와 맞지 않는다고 그들을 배제하면 성장의 기회를 스스로 잃게 된다. 조직이 1,000명 규모로 성장하는 과정에서 나를 따르는 사람만으로 팀을 만들 수는 없다. 그래서 리더는 다양한 사람을 품을 수 있는 카멜레온 같은 포용력을 길러야 한다.

하지만 여기서 중요한 것은 시시때때로 변하라는 뜻이 아니다. 다양한 색을 가진 사람들을 포용할 수 있는 넓은 그릇을 갖추라는 의미다. 한 가지 색으로만 조직을 운영하면 나와 다른 색을 가진 사람들은 잘못되었다고 생각하게 되고 곧 조직의 다양성을 해치는 결과로 이어진다.

내 그릇이 종지만 하다면 간장이나 고추장 정도밖에 담을 수 없다. 하지만 그릇이 대접만큼 커지면 더 많은 사람과 다양한 색을 담을 수 있다. 리더의 역할은 조직원들의 개성을 억누르는 것이 아니라 그들이 더 나은 자신으로 성장할 수 있는 토대를 마련하는 것이다.

리더가 관계 관리에서 실패하는 가장 큰 이유는 소통의 부재다. 많은 리더가 자신의 생각을 일방적으로 전달하는 데만 집중하고 구성원의 목소리를 들으려 하지 않는다. 진정한 소통은 귀를 열고 그 속에 담긴 의미를 이해하려는 노력에서 시작된다. 형식적인 회의나 보고 체계를 갖추는 것만으로는 부족하다. 실질적인 대화와 토론이 오가는 문화가 있어야 한다. 조직의 규모가 커질수록 소통의 채널은 더 다양해져야 한다. 50명 규모에서는 리더가 직접 모든 구성원과 대화할 수 있지만, 100명을 넘어가는 순간부터는 중간 관리자의 역할이 핵심이 된다. 이때 중간 관리자는 단순한 메시지 전달자가 아니라 진정한 소통의 매개체가 되어야 한다. 위로는 경영진의 비전과 전략을 깊이 이해하고 아래로는 현장의 목소리를 수렴해 이를 조화롭게 연결해야 한다. 또한 건강한 조직은 '건설적 갈등'을 두려워하지 않는다. 모든 구성원이 같은 생각을 한다면 그것은 오히려 위험 신호다. 서로 다른 관점과 의견이 충돌하는 과정에서 새로운 아이디어가 태어나고 더 나은 해결책이 도출된다. 중요한 것은 이 갈등이 개인적 감정싸움으로 변질되지 않도록 관리하는 것이다.

리더의 역할은 이러한 갈등을 조율하고 조직의 성장 동력으로 바꾸는 일이다. 이를 위해 리더 자신이 먼저 열린 마음을 가져야 한다. 다른 의견을 듣고도 방어적으로 반응하지 않고 그 속에서 가치 있는 통찰을 발견하려는 태도가 필요하다.

진정한 리더십의 힘은 결국 포용력에서 나온다. 포용력이란 무조건 받아들이는 것이 아니라, 서로 다른 생각과 방식을 이해하고 이를 조직 성장의 동력으로 바꾸는 능력이다. 이를 위해 리더는 끊임없이 배우고 성장해야 한다. 새로운 시각을 받아들일 수 있는 유연성, 다양한 의견을 조율할 수 있는 균형 감각, 구성원의 잠재력을 믿고 끌어내는 통찰력이 필요하다. 내가 오랜 시간 조직을 운영하며 깨달은 것은 문제 자체보다 문제를 해결하는 힘이 더 중요하다는 사실이다. 안정적인 리더는 관계에서 발생하는 문제도 결국 해결해 나간다. 관계의 비중을 이해하고 관계를 다듬는 지혜를 갖춘 리더는 어떤 위기 앞에서도 조직을 지켜낼 수 있다.

'조직의 성공은 개인의 능력이 아닌, 그 능력들이 조화롭게 어우러질 수 있는 환경을 만드는 리더의 역량에 달려 있다.'

─ 피터 드러커 ─

내가 오랜 시간 조직 관리를 하며 깨달은 것은 문제 상황 그 자체보다 그것을 해결하는 능력이 훨씬 중요하다는 점이다. 조직을 안정적으로 운영하는 리더라면 관계에서 생기는 문제도 풀어낼 역량을 갖춰야 한다. 관계가 조직 관리에서 차지하는 비중을 이해하고, 문제를 해결하는 지혜를 기른다면 어떤 어려움도 극복할 수 있다.
대한민국 모든 영업 조직의 리더들이 관계의 어려움을 이겨내고 조직을 더욱 굳건히 세우길 응원한다.

05
Giver & Taker: 기버와 테이커, 조직을 바꾸는 힘

조직의 성공은 구성원들의 성향과 상호작용에 크게 좌우된다. 조직 내에서 활동하는 사람들은 크게 세 가지 유형으로 분류할 수 있다. 첫째는 기꺼이 주는 사람(Giver), 둘째는 받기만 하고 빼앗는 사람(Taker), 셋째는 상황에 따라 주고받는 사람(Matcher)이다. 전 세계적으로 이들의 비율은 기버 10%, 테이커 20%, 매처 70%로 분포한다.

이러한 성향 차이는 개인적 특성을 넘어 업무 방식, 의사소통 패턴, 협업 양식에까지 영향을 미친다. 특히 조직이 위기 상황이나 급격한 변화를 겪을 때 이 차이는 더욱 뚜렷해지며, 조직의 회복탄력성과 적응력을 결정짓는 핵심 요인이 된다.

이들 유형의 상호작용은 흥미로운 패턴을 보인다. 매처는 주변 사람들의 영향을 강하게 받아 기버와 함께 있을 때는 기버의 특성을, 테이커와 함께 있을 때는 테이커의 특성을 닮아간다. 이 특성은 조직 문화 형성에 결정적인 역할을 한다. 기버가 주도하는 조직에서는 협력과 지원이 자연스럽게 이뤄지고 정보 공유와 상호 발전이 활발히 일어난다. 실제로 협업 문화가 강한 기업에서는 구성원 간의 지식 공유와 멘토링이 활발히 이뤄지며 이는 혁신과 문제 해결 능력의 향상으로 이어진다. 반면 경쟁과 개인성과 중심의 조직 문화에서는 정보 독점이 발생하고 내부 소통이 제한되는 사일로(silo) 현상이 나타나 조직 전체의 성장을 저해하는 경우가 많다.

'한 사람의 이타적 행동은 잔잔한 호수에 던진 돌처럼 조직 전체에 선한 영향력의 파동을 일으킨다.'

— 애덤 그랜트, 『기버의 성공법칙』 —

이 원리는 조직행동학에서 '사회적 학습 이론'과 '감정 전이 현상'으로 설명된다. 사람은 주변인의 행동을 관찰하고 모방하는 경향이 있으며 특히 리더나 영향력 있는 인물의 행동은 더 큰 파급효과를 낳는다. 긍정적 행동은 심리적 안전감을 높여 신뢰와 개방성이 확보된 팀 환경을 조성한다. 이는 이상이 아니라 조직성과에 직접적으로 작용하는 실질적 메커니즘이다. 주목할 점은 기버가 성공의 사다리에서 최상단과 최하단 모두에 존재한다는 사실이다. 이들의 차이는 경계 설정 능력에서 비롯된다. 최하단의 기버는 무조건적인 희생과 양보로 인해 소진되고 이용당하기 쉽다. 반면 최상단의 기버는 분별력 있는 베품을 실천한다. 이들은 조직에 해를 끼치는 사람들과는 적절한 거리를 유지하며 매처와의 협력에 집중함으로써 조직의 성장을 견인한다.

이 차이는 '건강한 이타주의'와 '자기희생적 이타주의'로 구분할 수 있다. 성공한 기버들은 세 가지 원칙을 적용하여 지속 가능한 기여를 실현한다.

전략적 선택 : 언제, 누구에게, 무엇을 줄 것인지에 대한 분별 있는 판단
자기 돌봄의 균형 : 자신의 에너지와 자원을 재충전할 시간을 확보
상호 책임 : 도움을 주는 과정에서 상대의 성장과 자립을 촉진

이런 맥락에서 리더의 역할은 매우 중요하다. 리더가 기버의

성향을 보일 때 매처들은 자연스럽게 기버의 특성을 받아들이며 이는 도미노 효과처럼 조직 전체에 긍정적 영향을 확산시킨다. 실제로 성공적인 조직의 리더들은 대부분 분별력 있는 기버의 특성을 지닌다. 이들은 조직의 성장을 위해 자신의 시간과 에너지를 투자하면서도 건강한 경계선을 유지할 줄 안다.

기버형 리더십의 실천적 모습은 '가시성 있는 기여'에서 확인할 수 있다. 이들은 팀원의 성공을 자신의 성공으로 여기며 공로를 적극적으로 인정한다. 또한 조직의 문제에 직접 참여하여 해결책을 제시하고 취약점과 실수를 솔직하게 인정함으로써 심리적 안전감을 형성한다. 이러한 환경은 팀원들이 새로운 아이디어와 도전적인 의견을 자유롭게 제시할 수 있게 하며, 특히 비대면 근무 환경과 전국 지사 운영에서 그 중요성이 더욱 커지고 있다.

한편 테이커의 존재는 조직에 치명적 영향을 미칠 수 있다. 테이커는 단기적으로는 이익을 취할 수 있으나 장기적으로는 조직의 성장을 저해한다. 이들의 가장 큰 문제는 인재 육성의 실패에 있다. 스스로보다 뛰어난 인재를 키우지 못할 뿐 아니라, 기존의 우수한 인재들마저 조직을 떠나게 만든다. 이는 곧 조직의 경쟁력 약화로 이어진다.

테이커형 행동의 구체적 징후로는 공적 대화와 사적 대화의 불일치, 상급자에게만 과도한 친절을 보이거나 하급자에게 무례한 태도를 보이는 행동, 성과에 비해 과도한 자기선전, 타인의 창작물을 무단으로 사용하는 행위 등이 있다. 특히 주목할 점은 테이커의 영향력이 '공기 중 독소'처럼 퍼진다는 것이다. 조직 연구에 따르면 팀에 단 한 명의 테이커가 존재할 경우 전체 생산성이 평균 30~40% 감소할 수 있으며 이러한 부정적 영향은 단순한 기술적 기여로는 상쇄되지 않는다.

그러나 모든 테이커가 영원히 테이커로 남는 것은 아니다. 조직 문화의 변화와 적절한 교육을 통해 테이커 역시 매처나 기버로 변화할 수 있다. 이를 위해서는 리더십의 역할이 중요하다. 리더는 기버적 행동의 모범을 보이면서 조직 내 협력과 공유의 문화를 구축해야 한다.

테이커형 행동 패턴 변화를 위한 효과적 접근법으로는 '선택 구조의 재설계'가 있다. 즉, 협력적 행동이 개인에게도 실질적 이득이 되도록 평가 및 보상 시스템을 조정하는 것이다. 예컨대 성과 평가 시 '구성원들과의 협업 정도', '지식 공유 수준', '후배 육성 기여도'와 같은 항목을 주요 지표로 반영하는 방식이다. 또한 테이커에게 멘토링 역할을 부여하거나 기버의 성공 사례를 조직 내에 가시화하는 것도 효과적이다. 중요한 것은 이러한 변화를 일시적 캠페인이 아닌 지속적 문화 형성 과정으로 접근하는 것이다. 성공적인 조직을 만들기 위한 전략은 명확하다.

첫째, 리더가 분별력 있는 기버가 되어야 한다.
둘째, 매처들에게 긍정적 영향을 미쳐 기버의 특성을 습득하도록 유도해야 한다.
셋째, 테이커의 행동을 제한하고 변화의 기회를 제공해야 한다.

이를 실현하기 위한 구체적 방법으로는 '투명성 증가'와 '호혜적 네트워크 구축'이 있다. 투명성 증가는 구성원들의 기여도와 협업 수준을 공개적으로 인식하게 하는 것으로, 예를 들어 팀 내 도움 요청과 제공 현황을 시각화하여 게시하거나 정기적 '감사 나눔' 세션 운영이 이에 해당한다. 호혜적 네트워크 구축은 조직 내 다양한 전문성을 지닌 구성원 간의 연결을 촉진하여 자원과 지식의 교환이 자연스럽게 이루어지도록 하는 것이다. 이는 조직 간 교차 프로젝트, 멘토링 매칭 프로그램 등을 통해 실현할 수 있다.

이러한 과정에서 핵심은 '분별력 있는 베풂'이다. 무조건적인 희생이 아니라 조직의 성장과 발전을 위한 전략적 베풂이 필요하다. 이는 물질적 차원을 넘어 시간, 지식, 경험, 네트워크 등 다양한 형태의 자원을 공유하고 전파하는 것을 포함한다. 분별력 있는 베풂의 실천 원칙으로는 '효과 극대화', '지속가능성', '역량 강화'를 들 수 있다. 효과 극대화는 자신의 기여가 가장 큰 영향을 미칠 수 있는 영역에 집중하는 것이다. 예컨대 특정 분야의 전문가라면 해당 분야의 지식 공유에 우선순위를 두는 방식이다. 지속가능성은 자신의 에너지와 자원의 한계를 인식하고 적절한 균형을 유지하는 것을 의미한다. 역량 강화는 문제를 대신 해결해 주기보다 상대가 스스로 해결할 수 있는 능력을 기를 수 있도록 돕는 것이다. 이 세 가지 원칙이 조화를 이룰 때 비로소 진정한 의미의 분별력 있는 베풂이 실현된다.

결론적으로, 조직의 성공은 기버와 매처의 긍정적 상호작용에서 비롯된다. 리더가 먼저 분별력 있는 기버가 되어 매처들에게 모범을 보이면, 협력과 신뢰의 문화가 형성되고 조직의 지속적 성장이 가능해진다. 이것이 바로 조직 성공의 본질이다.

기버가 된다는 것은 개인적 선택을 넘어 조직 문화와 성과 전반에 영향을 미치는 전략적 결정이다. 디지털 전환과 비대면 상담이 확산되는 현대 업무 환경에서 물리적 거리감을 넘어 진정한 연결과 협력을 이루기 위해 기버 문화는 더욱 중요해지고 있다. 결국 '함께 성장하는 조직'이라는 목표는 구성원 각자가 작은 영역에서부터 베풂의 문화를 실천할 때 비로소 현실이 된다. 오늘 건네는 작은 도움과 지원이 내일의 조직 문화를 결정한다는 사실을 기억해야 한다.

06
4년 만에 125배 성장: 사람이 답이다

2021년 9월, 새벽 공기가 차갑게 느껴지던 날 구의역 인근 50평 사무실의 불을 켰다. 15명의 동료와 함께 시작한 여정이 어디로 향할지 알 수 없었다. 첫 달 보험료 450만 원이라는 숫자를 보며 가슴 한켠이 무거워졌다. 실제 활동 인원은 8명에 불과했으니 그 출발은 결코 화려하지 않았다.

그로부터 4년이 지난 지금, 전국 70여 개 지사 1,000여 명의 영업 가족들과 함께하고 있다. 올해 매출은 450억 원에 달하며 인카금융서비스에서 재적과 생산성 모두 압도적 1위 조직이 되었다. 이 눈부신 성장의 뒤에는 치열한 노력과 끊임없는 도전이 있었다.

밤늦도록 불이 꺼지지 않던 사무실, 여름의 무더위와 겨울의 한기를 함께 견디며 시스템을 구축하던 시간들이 주마등처럼 스쳐 간다. 수수료 체계를 정립하고, DB를 구축하며 교육 시스템을 설계하던 과정은 고독하고도 치열했다. 때로는 이 길이 맞는지 의심스러울 때도 있었지만 매일 아침 출근하는 직원들의 발걸음 소리에서 다시 희망을 발견했다.

깊어가는 밤, 모니터 앞에서 끝없이 시스템을 보완하던 어느 날 중요한 깨달음이 찾아왔다. 완벽한 시스템을 만드는 것도 중요하지만 그보다 더 중요한 것은 그 시스템을 운영하는 '사람'이라는 사실이었다. 이 깨달음은 경영 철학을 근본적으로 바꿔 놓았다.

1) 포도원 주인의 비유에서 배우는 경영 철학과 소명

마태복음 20장 1~16절에 나오는 말씀이다. 포도원 주인은 오전 9시, 정오, 오후 3시, 심지어 오후 5시에도 들판에 서 있던 사람들을 불러 포도원으로 들였다. 그는 노동력을 확보하려는 것이 아니라 일하지 못하고 서성이는 사람들에게 일할 기회를 제공한 것이다. 저녁이 되어 품삯을 지급할 때 주인은 가장 늦게 온 사람부터 동일한 품삯을 주었다. 하루 종일 일한 사람들의 불평이 터져 나왔지만 주인은 이렇게 말했다. "나는 약속한 품삯을 네게 주었다. 내가 선하므로 네가 악하게 보느냐?" 이 장면은 보상의 문제가 아닌, 포도원 주인의 경영 철학을 보여준다.

자본주의 논리로 보면 포도원 주인의 결정은 이해하기 어렵다. 성과주의 관점에서 보면 손실이며 비효율이다. 그러나 나는 이 비유를 묵상하며 깨달았다. 포도원 주인의 목적은 이익이 아니라 사람들에게 일터를 제공하는 것이었다. 포도원은 수익 창출의 수단이 아니라 사람의 존엄과 기회를 살리는 장이었다. 이 깨달음은 내게 큰 충격이었고 밤잠을 설치게 만들었다. 그리고 이것이 앞으로 내가 걸어가야 할 경영의 방향임을 확신했다.

일에 대한 세 가지 관점

저주설: 일을 짐과 저주로 여기며 억지로 하는 태도
방편설: 생계를 위한 수단으로만 여기는 태도
소명설: 일을 하늘이 주신 사명, 천직으로 받아들이는 태도

경영자의 소명은 이윤 극대화가 아니라 사람들이 일할 수 있는 환경과 기회를 제공하는 데 있다. 나는 현재 1,000명의 구

성원에게 일터를 제공하고 있다. 이 숫자는 천 명의 삶과 가족, 이웃, 그들의 미래를 지탱하는 기회의 장이라는 의미다. 포도원 주인의 마음을 깊이 새기며 조직을 통해 더 많은 사람이 일할 수 있는 자리를 만들고 그 안에서 각자의 소명을 발견하도록 돕는 경영을 이어가고 있다.

2) 리더십은 책임이다

피터 드러커는 "리더십이란 결과에 책임지는 것이다. 리더십은 인기 있는 것이 아니라 올바른 것을 하는 것이다"라고 말했다. 공격수형 리더의 삶은 매일 치열한 고민과 결단의 연속이었다. 안정을 추구하는 편이 더 쉬웠을지도 모른다. 그러나 진정한 성장은 안주하지 않는 자세에서 비롯된다는 믿음이 있었다. 예산의 70%를 인적 자원에 투자하기로 결정했을 때 주변의 우려 어린 시선이 적지 않았다. 그럼에도 사람에 대한 투자가 성장의 출발점이라는 확신이 있었다. 영업 지원, 교육, 마케팅, 디자인, 영상 제작, 인하우스 운영 등 각 분야 전문가들이 하나의 팀으로 모였고 그들의 협력은 조직을 더욱 단단하게 만들었다.

생명보험사에서 보낸 9년의 시간은 귀중한 가르침을 주었다. 특히 겸손은 단순한 미덕이 아니라 리더에게 필수적인 덕목임을 배웠다. 얼마 전 만난 전직사 상무님께 "경열아, 조직이 커지고 대표가 됐으니 폼이 들어간 줄 알았어. 그런데 여전히 겸손하고 한결 같네"라는 말을 들었다. 화려한 대표실 대신 스텝들과 같은 공간을 선택한 것도 단순한 편의가 아니라 경영 철학의 표현이었다. 이런 방식은 오히려 상대를 걸러내는 효과적인 필터로 작용한다. 겉모습에만 관심을 두는 사람은 자연스럽게 조직과 맞지 않아 떠나고, 진정성을 중시하는 사람은 더 깊이 연결된다.

이러한 '열린 공간' 문화는 수평적 소통을 촉진하고 아이디어의 자유로운 흐름을 가능하게 한다. 실제로 빠르게 성장하는 조직일수록 위계보다는 효율과 실용성을 중시하는 공간 설계를 통해 창의적 협업을 강화하는 경향을 보인다.

4년 만에 조직은 70개 지사, 1,000명의 대가족으로 성장했다. 서울, 수원, 부천, 시흥에서 시작해 대전, 광주, 순천, 여수, 제주까지 전국 각지에서 작은 꿈은 현실이 되었다. 설립된 지사의 3분의 2 이상이 개설 당시보다 최소 세 배 이상 성장했고 일부 지사는 무려 100배에 달하는 놀라운 성장을 이뤘다. 특히 주목할 만한 점은 이러한 성장이 균일하게 나타나지 않았다는 것이다. 각 지사의 특성과 지역적 환경에 맞게 유연하게 적용된 시스템이 오히려 더 큰 성과를 이끌어냈다. 일관된 원칙, 유연한 적용이라는 이중적 접근법이 효과적임을 보여준다. 또한 지사 간 선의의 경쟁과 협력을 통해 전체 조직의 역량이 상향평준화되는 효과도 있었다.

장사를 하면 단기 목표에 머물기 쉽다. 그러나 사업을 하면 비전이 생기고 구조가 세워지며 사람이 성장한다. 지금 당신이 이끄는 조직은 작은 지사일지라도 전국적 확장을 위한 씨앗이 될 수 있다. 성공을 좁게 정의하지 말라. 사업가적 관점은 미래에 대한 투자이며, 현재의 이익보다 가능성에 베팅하는 용기가 필요하다.

실제로 많은 성공한 기업가들은 초기에 단기 이익을 포기하고 장기 비전에 투자했다. 아마존의 제프 베조스가 수년간 이익 없이 재투자를 이어간 것처럼 진정한 사업가는 단기적 관점을 넘어 미래를 바라보는 안목을 가져야 한다.

이러한 철학을 기반으로 직할 조직이나 직할 설계사 두지 않고 순수하게 관리자 비즈니스에 전념하며 경영자 역할에 충실했다. 나를 믿고 따르는 지사장들과의 신뢰를 지키기 위한 의도적 선택이었다.

매달 새로운 전략을 수립하고, 끊임없이 혁신을 시도하며 때로는 실패를 감내하면서도 앞으로 나아갔다. 수비형 리더십이 안정적인 조직을 만들 수는 있지만 그것은 성장과 활기를 잃은 정체된 조직과 다르지 않다는 사실을 알고 있었기 때문이다.

조직의 성장은 멈추지 않고 이어지고 있다. 시스템 구축과 인재 육성이라는 두 축을 중심으로 끊임없이 진화해 왔다. 수수료 체계, DB 관리, 교육 시스템, 시상, 리크루팅, 프로모션을 통해 전 영역에서 자동화와 효율화를 이뤘으며 각 분야 전문가들이 역량을 최대한 발휘할 수 있는 환경을 마련했다.

이제 새로운 도전이 기다리고 있다. 1만명 영업 조직의 성장은 더 큰 과제와 책임을 요구한다. 차가운 겨울바람이 사무실 창을 스치던 어느 날 밤, 책상 위에 쌓인 서류들을 바라보며 지난 시간을 돌아보았다. 한 장 한 장의 기록 속에는 조직원들의 땀과 눈물, 그리고 희망이 고스란히 담겨 있었다. 처음 출발할 때 과연 이렇게 빠른 성장을 상상할 수 있었을까?

성공은 숫자의 증가를 의미하지 않는다. 진정한 성공은 함께 성장하는 과정에서 느끼는 작은 기쁨들의 집합이다. 첫 계약을 성사시킨 신입 직원의 환한 미소, 목표를 달성한 지사의 축하 자리에서 터져 나오는 웃음소리, 힘겨운 순간마다 서로를 격려하며 함께 이겨낸 시간들. 이 모든 순간이 모여 우리의 성장 서사를 만들어 왔다.

실패의 시간도 있었다. 새로운 지사 설립이 좌절되기도 하고 야심 차게 준비한 프로젝트가 기대만큼의 성과를 내지 못한 적도 있었다. 그러나 매번 서로를 믿고 의지하며 다시 일어섰다. 실패는 성공을 위한 자양분이 되었고 좌절은 오히려 우리를 더 단단하게 만들었다.

오늘도 아침마다 마주하는 사무실의 풍경은 여전히 같지만 그 의미는 처음과 다르다. 이제 그 길은 단순한 출근길이 아니라, 1,000명의 가족과 함께 더 큰 꿈을 향해 나아가는 여정의 시작점이다. 우리가 걸어온 길이 누군가에게 희망이 되고, 도전의 이정표가 되기를 바란다.

새벽녘 창밖 도시의 불빛이 하나둘 깨어날 때, 이른 아침부터 늦은 밤까지 각자의 자리에서 최선을 다하는 직원들의 모습이 떠올랐다. 그들의 열정과 헌신이 있었기에 오늘의 성장이 가능했다는 사실을 누구보다 잘 알고 있다.

앞으로도 수많은 도전과 시련이 있겠지만 우리는 멈추지 않을 것이다. 첫 시작의 설렘과 초심을 잃지 않고 더 높은 곳을 향해 함께 나아갈 것이다. 이 여정에서 만나는 모든 순간들이 우리 모두의 소중한 성장 이야기로 남을 것임을 믿는다.

07
전국 70개 지사, 1,000명 조직으로 성장시킨 비결

빠르게 확장된 조직, 단단하게 성장한 구조

나는 4년 만에 전국 70개 지사를 개설하고 1,000명 이상의 대규모 조직을 이끄는 리더가 되었다. 이 성장은 코로나 팬데믹이라는 전례 없는 위기 속에서 이뤄졌다. 많은 기업이 축소와 생존에 집중하던 시기에, 오히려 위기를 기회로 전환시키는 전략적 결단이 차별화된 성장의 동력이 되었다.

철저한 전략과 리더십이 결합해 만들어낸 '질적 진화'였다. 조직의 외형은 커졌지만 중심은 흔들리지 않았고 속도는 빨랐으나 방향은 분명했다. 규모가 커질수록 발생하기 쉬운 의사결정 지연, 소통 단절, 가치관 혼란을 방지하기 위해 핵심 가치와 비전을 지속적으로 공유하고, 지사 간 성공 사례를 나누는 정기 리더십 미팅을 통해 유기적 연결성을 유지했다. 이 노력 덕분에 양적 성장과 질적 성장이 균형을 이루며 지속 가능한 발전이 가능해졌다.

장사인가, 사업인가? 이 관점이 조직의 미래를 결정한다. 조직의 출발점에서 가장 먼저 던져야 할 질문은 이것이다. "나는 지금 장사를 하고 있는가, 아니면 사업을 하고 있는가?" 이 질문은 단순한 의미 구분이 아니라 조직의 성장 방향과 한계를 결정짓는 근본적 패러다임의 차이를 내포한다. 장사와 사업의 구분은 결국 시간과 공간의 제약을 어떻게 극복하느냐의 문제다. 경영학에서는 이를 확장성(Scalability)이라 부르며 이 확장성이 소규모 창업과 대규모 기업의 결정적 차이점이 된다.

장사는 자신이 속한 지리적 공간 안에서 단기적 수익을 목표로 한다. 반면 사업은 공간적 한계를 넘어 구조를 만들고 시간의 제약을 넘어 장기적 비전을 추구한다. 법무사, 세무사, 약사 등 전문직이라도 자신의 활동 반경 안에서만 운영한다면 여전히 장사의 범주에 머문다. 그러나 시스템을 구축하고 전국 단위로 조직을 운영하는 프랜차이즈와 같은 형태가 되었을 때 비로소 사업이라 부를 수 있다.

오늘날 경영 환경에서는 IT 기술과 디지털 플랫폼의 발달로 이런 '장사에서 사업으로의 전환'이 그 어느 때보다 용이해졌다. 실제로 작은 동네 카페가 프랜차이즈로, 1인 유튜버가 미디어 기업으로 성장하는 사례가 속속 등장하고 있다. 중요한 것은 처음부터 어떤 관점과 목표를 가지고 비즈니스를 설계하느냐에 달려 있다. 나는 이 지점에서 깊은 고민 끝에 하나의 결론에 도달했다. 바로 세일즈도 사업이 될 수 있다는 점이다. 영업(營業)은 이미 업(業)을 경영한다는 뜻이다. 따라서 우리는 판매자가 아닌, 업을 경영하는 사업가의 마인드셋으로 무장해야 한다.

실제로 글로벌 세일즈 조직을 성공적으로 운영한 리더들의 공통점은 자신을 판매자(Seller)가 아닌 가치 창출자(Value Creator)로 규정했다는 것이다. 이러한 마인드셋 전환은 단기성과에 급급한 영업에서 벗어나, 장기적 관계와 가치를 구축하는 사업으로의 질적 도약을 가능하게 한다.

조직이 빠르게 확장할 수 있었던 또 하나의 이유는 초기부터 시스템에 집중 투자했기 때문이다. 1년 반 동안 수익을 기대하지 않고 모든 자원을 재투자해 견고한 구조를 만들었다. 많은 창업가들이 흔히 범하는 오류는 초기 성과에 도취되어 시스템 구축을 미루는 것이다. 그러나 진정한 성장은 리더가 없어도 스스로 돌아가는 시스템에서 비롯된다. 세계적 경영학자 마이클 거버는 "대부분의 기업가들이 자신의 사업 '안'에서 일하느라, 정작 사업 '자체'를 위한 일은 하지 못한다"고 지적했다. 바로 이 함정을 피하기 위해 초기부터 리더 중심이 아닌 시스템 중심의 조직 구축에 집중했다.

시스템 구축의 10대 축

1. 수수료 체계 정립: 공정하고 투명한 보상 시스템을 마련하여 동기부여와 신뢰를 확보

2. DB 운영 시스템 구축: 고객 데이터를 체계적으로 관리·활용해 영업 효율성을 극대화

3. 교육 커리큘럼 설계: 신규 인력부터 경력자까지 단계별 맞춤형 역량 강화 프로그램 운영

4. 운영 매뉴얼 정비: 모든 업무 프로세스를 표준화해 일관된 품질과 서비스 유지

5. 리크루팅 체계 자동화: 우수 인재 발굴·유입을 위한 시스템

적 접근 확립

6. 분기·연도 프로모션: 장·단기 목표 설정과 달성을 위한 체계적 동기부여 시스템

7. 영업지원 시스템 MOU체결 : 법무법인, 다이렉트, 손해사정사, 헬스케어, 고객관리 시스템

8. 온라인 플랫폼 자동화: 인스타, 블로그, 카페, 스레드, 유튜브, 등

9. 지사 개설 오픈 매뉴얼 : 지사 개설시 진행되는 프로세스

10. 단계별 조직 성장 운영 매뉴얼 : 조직 규모에 따라 관리자 성장 시스템

이러한 시스템을 구축하며 가장 중시한 원칙은 복제 가능성이었다. 어떤 시스템도 지역과 리더가 바뀌도 동일하게 적용될 수 있어야 진정한 확장이 가능하기 때문이다. 그러나 시간이 흐를수록 나는 중요한 사실을 깨달았다. 진정한 시스템은 구조만으로 완성되지 않고 결국 사람으로 완성된다는 것이다. 현재 나는 전체 예산의 50% 이상을 인적 자원에 투자하고 있으며 이를 단순한 비용이 아닌 전략적 투자로 인식한다.

연구에 따르면 인재 개발에 지속적으로 투자하는 기업은 그렇지 않은 기업보다 평균 2.1배 높은 이익률을 기록한다. 사람에 대한 투자는 단기적으로는 비용처럼 보이지만 장기적으로는 가장 확실한 성장 동력이 된다. 리크루팅 지원, 영업 지원, 교육 지원, 마케팅 지원, 디자인, 영상 제작 등 각 분야에 전문가를 배치하여 '혼자서는 절대 해낼 수 없는 일'을 팀워크로 해결하고 있다. 이는 단순한 시간 절감이 아니라 조직의 효율성과 지속 가능성을 확보하는 최상의 전략이었다. 전문 인력 확보는 두 가지 측면에서 결정적 전환점이 되었다.

첫째, 현장 영업 인력이 자신의 핵심 역량에만 집중할 수 있는 환경이 마련되었다.

둘째, 각 분야의 전문성이 시너지를 일으켜 조직 전체의 경쟁력이 기하급수적으로 향상되었다.

이는 '선택과 집중'의 원칙을 조직 차원에서 구현한 사례라 할 수 있다. 많은 이들이 리더십을 권위나 성공의 상징으로 오해하지만 나는 운영 전 과정에서 하나의 확신에 도달했다. 리더십이란 폼을 잡는 것이 아니라 사람을 진심으로 대하는 것이다. 리더십 연구에서는 이런 방식을 서번트 리더십(Servant

Leadership)이라 부른다. 서번트 리더는 자신의 권위를 내세우기보다 구성원이 성장할 수 있는 환경을 만드는 데 집중한다. 이러한 리더십은 단기적으로는 눈에 잘 드러나지 않을 수 있지만 장기적으로는 구성원의 자발적 충성도와 높은 성과를 이끌어내는 가장 효과적인 방식이다.

08
누구와 함께 할 것인가: 성장을 위한 동행의 지혜

　제프리 페퍼의 '누구와 함께 할 것인가'는 우리에게 근본적인 질문을 던진다. 문제를 해결하려 홀로 씨름하기보다, 누구와 함께 그 길을 걸을 것인가를 먼저 고민하라는 것이다. 이는 험한 산을 오르는 등반가의 선택과 같다. 혼자라면 빠르게 정상에 도달할 수 있을지 모르지만 그 길은 외롭고 위험하다. 신뢰할 수 있는 동료와 함께라면 서로를 지켜주며 더 안전하고 확실하게 정상에 오를 수 있다.

혁신과 창의성은 협력 속에서 더 깊고 풍부하게 발현된다. 다양한 관점이 충돌하고 융합되는 과정에서 혼자서는 결코 떠올릴 수 없었던 해결책이 탄생한다. 깊은 계곡을 건너야 할 때 혼자라면 돌아가거나 포기해야 할 순간에 동료의 손길이 우리를 건너편으로 이끈다. 전문성의 벽에 부딪힐 때면 그 분야에 통찰을 가진 이의 조언이 새로운 길을 열어준다. 이것이 바로 '함께'의 힘이다.

하버드 비즈니스 리뷰의 연구에 따르면 다양한 배경과 전문성을 가진 팀은 단일 전문가 그룹보다 복잡한 문제 해결에서 35% 이상 효과적이다. 협력은 단순한 감성적 가치가 아니라 실질적 성과를 만들어내는 전략적 선택이다.

많은 이들이 "빨리 가려면 혼자 가고, 멀리 가려면 함께 가라"는 아프리카 속담을 인용한다. 그러나 오늘날 우리에게 필요한 것은 단순한 속도가 아니라 지속 가능한 속도다. 잠시 빨리 달리는 것이 아니라 멈추지 않고 전진할 수 있는 힘이 필요하다. 이는 마라톤과 같다. 처음부터 전력 질주하는 주자는 얼마 가지 못해 지치지만 페이스메이커와 함께 달리는 주자는 자신의 리듬을 잃지 않고 결승선까지 완주할 수 있다. 변동성·불확실성·복잡성·모호성(VUCA)으로 특징지어지는 현대 비즈니스 환경에서 혼자 모든 상황을 예측하고 대응하는 것은 불가능하다. 다양한 시각을 가진 구성원들이 함께 환경을 감지하고 해석할 때 집단지성이 발휘되고 그것이 생존과 성장의 열쇠가 된다.

나는 이 격언을 새롭게 해석한다.

'잠깐 빨리 가려면 혼자 가고, 계속 빠르게 멀리 가려면 함께 가라.'

단순히 속도와 거리의 문제가 아니다. 함께 가는 길에서 우리는 서로의 부족함을 채우고 각자의 강점을 살려 시너지를 만든다. 실제로 다양성이 높은 팀은 업계 평균보다 더 높은 수익을 올린다는 연구 결과가 있다. '함께'의 힘은 예측 가능한 경영 성과로 이어진다. 서로 다른 관점과 경험이 충돌하고 융합되는 과정에서 새로운 해법이 탄생한다.

어두운 터널을 지날 때 우리는 서로의 등불이 된다. 성장통으로 힘겨워할 때 동료의 격려가 치유제가 된다. 승자들은 이 사실을 안다. 그들은 경쟁이 아니라 협력에서 진정한 성장의 열쇠를 찾는다. 반면 고립된 섬에서 홀로 싸우는 사람은 결국 지쳐간다.

리더의 길은 외롭다. 수많은 비판과 시기가 화살처럼 날아오지만 진정한 리더는 그 속에서도 중심을 잃지 않는다. 오히려 비판을 통해 더욱 단단해지고 함께하는 이들과의 신뢰를 한층 더 공고히 한다.

지그 지글러는 "상대가 원하는 것을 얻도록 도와준다면 나도 인생에서 원하는 모든 것을 가질 수 있다."고 말했다. 이 말은 비즈니스의 본질을 꿰뚫는 통찰이다. 함께한다는 것은 거래가 아니라 서로의 성장을 돕는 여정이다.

우리의 능력은 분명 한계가 있다. 그러나 타인의 자원과 결합할 때 그 한계는 새로운 가능성으로 바뀐다. 누군가의 시간과 지식, 경험이 우리의 부족함을 메우고 더 큰 시너지를 만든다. 이것이 바로 '함께'의 힘이다.

애덤 그랜트의 『주는 사람이 성공한다(Give and Take)』는 기버(Giver)형 인재, 즉 자신의 지식과 자원을 기꺼이 나누는 사람이 장기적으로 더 큰 성공을 거둔다고 분석한다. 특히 팀 구성원 간 신뢰와 상호 지원이 강한 환경에서는 개인의 경쟁력보다 집단의 경쟁력이 더 중요한 성공 요인이 된다.

성장의 여정에서 가장 중요한 것은 일관성과 감사다. 처음의 열정과 겸손을 끝까지 유지하고 작은 도움에도 진심 어린 감사를 표현하는 것. 이것이 함께하는 관계를 지속 가능하게 만드는 비결이다.

"깨어있는 리더가 조직을 살린다." 이 말은 내가 리더워크샵 구호로 사용했던 문장이다. 슬로건이 아니다. 깨어있는 리더는 구성원의 잠재력을 깨우고 그들이 스스로의 한계를 뛰어넘도록 돕는다. 한 명의 깨어있는 리더가 조직 전체에 생명력을 불어넣는다. 이것이 진정한 '함께'의 의미다. 같은 공간에 존재하는 것을 넘어 서로의 꿈을 이해하고 지지하며 함께 성장하는 것이다. 매일 아침 새로운 도전을 시작할 때마다 우리는 서로의 눈빛에서 같은 꿈을 본다. 힘든 순간에는 서로의 어깨를 두드려주고 기쁠 때는 그 기쁨을 함께 나눈다. 이것이 바로 진정한 동반자의 모습이다.

성공은 결국 관계의 산물이다. 아무리 뛰어난 개인이라도 홀로 큰 성공을 이루기는 어렵다. 우리가 이루는 성공의 크기는 우리가 맺는 관계의 질과 깊이에 비례한다. 좋은 관계는 거래를 넘어서는 신뢰와 존중, 그리고 상호 이해를 바탕으로 한다. 깨어있는 리더는 이러한 관계의 중요성을 잘 알고 있다. 그들은 조직의 모든 구성원이 서로 연결되어 있음을 이해하고 이 연결고리를 강화하기 위해 힘쓴다. 한 사람의 성장이 곧 모두의 성장으로 이어지고 한 사람의 기쁨이 모두의 기쁨으로 확장되는 선순환을 만들어낸다.

우리는 모두 정상을 향해 가는 등반가다. 누군가는 앞서 가고 누군가는 뒤따르지만 결국 우리의 목표는 같다. 그 여정에서 서로의 손을 잡아주고, 때로는 이끌고 때로는 따라가며 함께 성장해 나가는 것. 이것이 우리가 추구해야 할 진정한 리더십의 모습이다. 함께 가는 길은 때로 더디게 느껴질지 모른다. 그러나 그 길은 더 견고하고, 더 의미 있으며, 더 멀리 갈 수 있는 길이다. 당신의 여정에도 그런 동반자가 함께하기를 바란다. 그리고 당신 역시 누군가에게 그런 동반자가 되어주기를 바란다. 그때 우리는 비로소 '멀리, 그리고 빠르게' 나아갈 수 있을 것이다.

함께하는 여정의 끝에서 우리는 어떤 모습일까? 아마 서로를 바라보며 미소 짓고 있을 것이다. 그 미소 속에는 함께 걸어온 모든 순간들이 담겨 있을 것이다. 힘들었던 날들, 포기하고 싶었던 순간들, 그리고 그때마다 서로에게 건넸던 따뜻한 격려의 말들. 그 모든 것들이 우리를 더 강하게, 더 현명하게, 더 겸손하게 만들었을 것이다.

이것이 바로 '함께'의 진정한 가치다. 단순한 동행이 아니라 서로의 성장을 이끌어내는 동반자적 관계. 이러한 관계 속에서 우리는 각자의 한계를 넘어 더 높은 곳을 향해 나아갈 수 있다. 당신의 리더십이 이러한 가치를 실현하는 밑거름이 되기를 바란다.

| 에필로그 |

"다시 시작해도, 저는 이 길을 선택할 것입니다."

이 책을 끝까지 읽어주신 독자 여러분께 진심으로 감사드립니다. 저는 이 책을 집필하며 한 사람이 어떻게 변화하고, 어떻게 1,000명의 팀을 이끄는 리더로 성장할 수 있었는지 돌아보는 긴 여정을 걸었습니다. 페이지마다, 문장마다 그때의 눈물과 좌절, 분노와 결심, 그리고 기도의 흔적을 새기며 써 내려갔습니다. 이 책은 제 인생에서 가장 치열했던 순간들을 꺼내어 기록한 고백이자, 지금 이 길을 걸어가고자 하는 누군가에게 작은 방향을 비춰주고 싶은 마음으로 쓴 나침반입니다.

보험 세일즈를 처음 시작했을 때 제게는 아무런 배경도 기반도 없었습니다. 믿고 의지할 네트워크도, 자랑할 만한 학력이

나 경력도 없었습니다. 제가 가진 것은 오직 '간절함'뿐이었습니다. 그 간절함 하나로 추운 겨울 새벽을 뚫고 하루 200콜을 걸었고, 지하철 첫차에 몸을 실으며 리크루팅을 시작했습니다. 누구도 박수를 쳐주지 않았고 알아봐 주는 이도 없었습니다. 하지만 저는 믿었습니다. '진심은 반드시 통한다.' 그리고 그 믿음은 결국 현실이 되었습니다. 물론 그 여정이 순탄했던 것은 아닙니다. 사랑하는 팀이 하루아침에 무너졌고 가까웠던 사람들로부터의 배신과 오해 속에 혼자가 된 시간도 있었습니다. 결혼을 앞둔 시점에서 경제적 위기와 조직의 붕괴 앞에 무기력해진 제 자신을 마주해야 했습니다. 그러나 아내는 묻지 않았습니다. 오히려 저를 믿고 제 손을 잡아주었습니다. 그 한 사람의 믿음이 다시 저를 일으켰고 다시 리더로서 살아가기로 결단하게 만들었습니다. 그때 저는 배웠습니다. '한 사람의 믿음이 한 조직의 미래를 바꿀 수 있다'는 것을.

이 책이 말하고자 하는 핵심은 숫자나 전략이 아닙니다. 이 책의 진짜 중심에는 '사람'이 있습니다. 저의 영업은 상품을 파는 일이 아니라 사람의 인생을 설계하는 일이었습니다. 저의 리더십은 시스템이 아닌 사람을 품는 마음에서 시작되었습니다. 조직을 성장시키는 가장 강력한 원천은 복잡한 매뉴얼이 아니라 '진심'과 '책임'이라는 것을 저는 현장에서 체득했습니다.

저는 팀을 만들고 키워가는 과정 속에서 수많은 리더들을 만나 왔습니다. 그리고 많은 리더가 왜 무너지는지를 직접 목격했습니다. 그들은 구조를 만들었지만 문화를 만들지 못했고, 숫자를 키웠지만 사람의 마음을 읽지 못했습니다. 결국 관계가 무너지면 모든 것이 무너졌습니다. 그래서 저는 다시 처음부터 문화와 철학을 세우기 시작했습니다. 누구나 자신의 꿈을 말할 수 있고 서로의 가치를 인정하며 함께 성장할 수 있는 공동체를 만들기 위해 하루하루를 다졌습니다.

한 사람, 또 한 사람. 그렇게 우리는 100명이 되었고, 300명이 되었고, 800명이 되었으며 지금은 전국 1,000명의 팀원들이 함께하는 조직이 되었습니다. 그러나 저는 여전히 '한 사람'을 가장 소중하게 생각합니다. 왜냐하면 이 모든 여정은 바로 그 한 사람에서 시작되었기 때문입니다. 저에게 팀원이란 단순히 함께 일하는 존재가 아닙니다. 그들은 저의 동반자이며 제 거울이자 스승입니다. 그들이 이 일을 통해 자존감을 회복하고 경제적으로 자립하며 가족의 중심으로 우뚝 서는 모습을

볼 때 저는 진정한 보람을 느낍니다. 그리고 그 여정을 함께 걸을 수 있는 리더라는 사실에 감사함을 느낍니다.

이 책을 쓰며 가장 많이 떠올린 이는 지금 이 글을 읽고 계신 당신입니다. 당신은 지금 어디쯤에 서 있습니까? 막막한 현실 앞에서 첫 발걸음을 떼지 못하고 있습니까? 몇 번의 실패로 자신감을 잃은 채 다시 시작할 용기를 찾고 있습니까? 혹은 팀을 이끌고 있지만 리더십의 한계를 느끼며 외롭게 싸우고 있습니까?

괜찮습니다. 누구든 어디서든 시작할 수 있습니다. 저도 그랬습니다. 모든 것을 잃고 모든 관계가 떠나간 그 자리에서 '단 세 명'과 함께 다시 시작했습니다. 그리고 그 작은 불씨가 지금의 1,000명 조직으로 성장했습니다.

저는 지금도 매일 아침 묻습니다. "오늘 나는 누군가의 꿈이 되었는가?" 이 질문이 저의 하루를 움직이고 저의 방향을 결정합니다. 이제는 질문을 바꿔야 할 때입니다. 나는 얼마나 잘하고 있는가가 아니라, '나는 누구에게 의미 있는 사람이 되고 있는가?'

이 질문이 리더를 만들고 조직을 만들며, 문화를 만듭니다.

진짜 리더십은 실력의 결과가 아니라 사람에 대한 책임감에서 시작됩니다. 이 책은 끝났지만 당신의 여정은 이제 시작입니다. 지금 이 책을 덮는 순간 새로운 방향이 열릴 것입니다. 당신도 누군가의 꿈이 될 수 있습니다. 그리고 언젠가 당신의 이야기가 또 다른 누군가에게 등불이 되기를 바랍니다.
저는 계속해서 "나는 오늘 누군가에게 희망이 되었는가?"라는 질문에 답할 것입니다. 그 질문에 부끄럽지 않도록, 내일도 새벽을 깨울 것입니다.

신경열

결국, 시스템이다

초판 1쇄 인쇄	2025년 10월 20일
초판 1쇄 발행	2025년 10월 28일
발행	스노우폭스북스
발행인	서진
지은이	신경열
책임편집	편집3팀 여왕벌(서진)
진행	진저(박정아)
교정・교열	이든(유하준)
표지・본문	샤인(김완선)
전략 지원	DK(김정헌)
퍼포먼스 바이럴	썸머(윤서하)
홍보디자인	샤인(김완선)
텍스트 아티클	티미(문지우) 알파(김민석)
검색	형연(김형연)
제작	해니(박범준)
종이	월드페이퍼
인쇄	남양문화사
주소	경기도 파주시 회동길 527, 스노우폭스북스 사옥 3층
대표번호	031-927-9965
팩스	070-7589-0721
전자우편	edit@sfbooks.co.kr
출판신고	2015년 8월 7일 제406-2015-000159

ISBN 979-11-94966-17-3 03190

- 스노우폭스북스P는 스노우폭스북스의 브랜드입니다.
- 스노우폭스북스는 여러분의 소중한 원고를 언제나 성실히 검토합니다.
- 이 책에 실린 모든 내용은 저작권법에 따라 보호를 받는 저작물이므로 무단 전재와 무단 복제를 금합니다.
- 이 책 내용의 전부 또는 일부를 사용하려면 반드시 출판사의 동의를 받아야 합니다.
- 잘못된 책은 구입처에서 교환해 드립니다.

스노우폭스북스는 "이 책을 읽게 될 단 한 명의 독자를 바라보고 책을 만듭니다."